ESCRITA CRIATIVA

da ideia ao texto

CB040544

Proibida a reprodução total ou parcial em qualquer mídia
sem a autorização escrita da editora.
Os infratores estão sujeitos às penas da lei.

A Editora não é responsável pelo conteúdo deste livro.
O Autor conhece os fatos narrados, pelos quais é responsável,
assim como se responsabiliza pelos juízos emitidos.

Consulte nosso catálogo completo e últimos lançamentos em **www.editoracontexto.com.br**.

ESCRITA CRIATIVA

da ideia ao texto

RUBENS MARCHIONI

Copyright © 2018 do Autor

Todos os direitos desta edição reservados à
Editora Contexto (Editora Pinsky Ltda.)

Montagem de capa e diagramação
Gustavo S. Vilas Boas

Preparação de textos
Lilian Aquino

Revisão
Bia Mendes

Dados Internacionais de Catalogação na Publicação (CIP)

Marchioni, Rubens
Escrita criativa : da ideia ao texto / Rubens Marchioni. –
1. ed., 3ª reimpressão. – São Paulo : Contexto, 2021.
176 p.

Bibliografia.
ISBN 978-85-520-0052-5

1. Escrita criativa 2. Redação técnica 3. Língua portuguesa
I. Título

18-0299 CDD 469.8

Andreia de Almeida CRB-8/7889

Índices para catálogo sistemático:
1. Redação técnica : Criatividade

2021

EDITORA CONTEXTO
Diretor editorial: *Jaime Pinsky*

Rua Dr. José Elias, 520 – Alto da Lapa
05083-030 – São Paulo – SP
PABX: (11) 3832 5838
contexto@editoracontexto.com.br
www.editoracontexto.com.br

Das medidas e do tamanho

Não trato palavras
nas medidas metálicas.
Aço exato

Tampouco trato palavras
nas medidas circunstanciais do calor,
dilatadas,
recolhidas,
inconstantes

Trato palavras
como gestos necessários,
aqueles que me salvam,
me resgatam do cotidiano,
do tempo medido nos ponteiros.
Ingrato

Trato palavras
como fragmentos de poemas
à procura de um restaurador.

(Margarete Schiavinatto)

*Para algumas pessoas muito especiais: Sonia, Camila, Gabriella,
Luis e Davi. Com muito carinho.*

Para meu primo Luiz Marchioni (In Memoriam)*, o primeiro
a incentivar minha viagem pelo mundo fascinante das palavras.
Com saudade.*

Sumário

APRESENTAÇÃO.
Uma conversa rápida com quem deseja criar,
escrever e editar com mais rapidez e adequação. 8

CRIATIVIDADE.
Pensar de maneira diferente para encontrar caminhos inesperados. 14

Para começo de conversa 18

Originalidade. E tudo se faz novo 20

Etapas e bloqueios. Caminhos e descaminhos 23

REDAÇÃO.
Transformar ideias criativas em textos eficientes.
O artesanato do texto revela o escritor. 72

Medo de escrever mal. Pior do que isso é não reagir 75

Imitação. Isso todo mundo já fez (Ou quase todo mundo) 76

Escrever e ser escritor 77

Começar. Isso já é meio caminho andado 81

Rotina e hábitos. Para viajar, invente estradas 85

Técnica. Descubra o modo de fazer 88

Tema. A ideia que sustenta o bom texto 92

Frase. Sentença. Parágrafo. Tudo pela unidade 96

Rascunho. Sinta-se à vontade 96

AIDA. Harmonia na conquista do leitor 97

Briefing de criação 103

Os segredos dos profissionais. Basta aprender e usar 113

Construindo um texto. É mais fácil do que parece 158

Conclusão. Para terminar a conversa 170

BIBLIOGRAFIA 172

O AUTOR 174

Apresentação.

UMA CONVERSA RÁPIDA
COM QUEM DESEJA CRIAR,
ESCREVER E EDITAR
COM MAIS RAPIDEZ
E ADEQUAÇÃO.

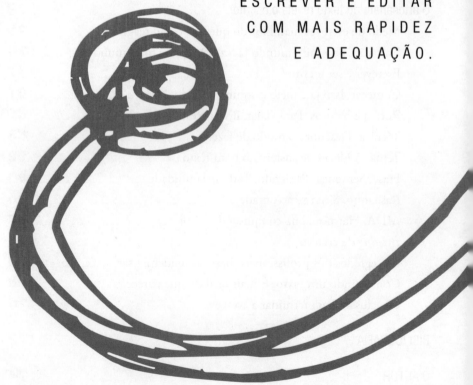

Se você abriu este livro é porque gosta ou precisa escrever de forma criativa. Talvez queira contar uma história, mas não sabe como começar. Ou, ainda, busca que seu texto ganhe elegância, clareza e, em consequência, leitores. Seja qual for o motivo, você encontrará aqui ferramentas preciosas para aprimorar a forma como escreve. Mas, afinal, o que é escrita criativa? De forma sucinta: é a arte de expressar ideias de maneira original, sem o ranço do lugar-comum. Mesmo temas aparentemente banais ou áridos podem ser retratados de forma criativa. Por outro lado, sem dedicação e cuidado, temas que seriam atraentes tornam-se chatos.

Um bom exemplo, que costuma ser contado em sala de aula para adolescentes entediados, é o de Graciliano Ramos. Antes de se tornar um escritor admirado nacionalmente, foi prefeito de Palmeira dos Índios. Como tal, tinha de prestar contas ao governador de Alagoas, mandando relatórios anuais. Pois bem, esses relatórios eram verdadeiras peças literárias e de tão interessantes foram lidos não apenas pela autoridade a quem eram dirigidos, mas também reproduzidos em jornais de Alagoas e até do Rio de Janeiro.

Mas você não precisa ser um Graciliano Ramos para escrever criativamente. Quer ver? Na última prova do meu curso de pós-graduação, na ESPM, optei por responder a única pergunta contando uma história, isto é, criando ficção – eis a forma que escolhi para sair do lugar-comum. Deu resultado? Pela nota obtida e por ver a prova publicada em um dos maiores jornais do país, como artigo, percebe-se que sim.

O escritor criativo pensa sempre em como surpreender o leitor, premiando-o pelo trabalho de conversar com o autor por meio da escrita, parágrafo por parágrafo, página por página, até o final da viagem, a última palavra do texto. E como surpreender? Basta fazer uma pergunta milagrosa: "De que outro jeito eu posso fazer isso?" E trabalhar para conseguir uma boa resposta.

Mas... será que mesmo aqueles que nunca se dedicaram à escrita conseguiriam alcançar um resultado criativo? Ou só aqueles agraciados com um talento fenomenal conseguem? Tudo é uma questão de começar, manter a disciplina e trabalhar duro até chegar ao melhor resultado – "Minha musa inspiradora é meu prazo de entrega", disse certa vez o escritor Luis Fernando Verissimo.

Dei os primeiros passos na escrita ainda adolescente, quando conquistei meu primeiro prêmio literário. Daí para cá, sempre contei com os resultados trazidos pela decisão de começar e seguir até o fim. Sem milagres. Hoje não é diferente. Apenas para citar um exemplo, da primeira à última página deste livro foi exatamente desse jeito: muito trabalho. De um lado, a luta sem fim com as ideias e palavras, que não aparecem ou fogem antes de ser capturadas. Do outro, o rigor e profissionalismo da Editora propondo novas mudanças. Enfim, um longo trabalho para que o leitor receba o melhor. Como se vê, persistência é o nome do jogo. Isso nada tem a ver com sorte ou predestinação.

Voltando a você, leitor: o objetivo deste livro é revelar o segredo da arte fascinante de criar e escrever. Para isso, aponto o potencial escondido na associação de diferentes conhecimentos e técnicas a serviço da escrita criativa. Desse modo, essas páginas serão muito úteis para quem já é escritor ou quem quer começar a escrever – seja ficção ou não ficção.

Ao longo da nossa viagem você entrará em contato com instrumentos de criação e persuasão emprestados de diferentes áreas. Além da Propaganda, especialista na arte de persuadir com criatividade, algumas técnicas foram emprestadas do Jornalismo, que sabe como ninguém informar e ser analítico. Outras vieram da Literatura, generosa em revelar o trabalho dos mestres na produção de obras que vencem o tempo. E ainda da Filosofia, sábia construtora de reflexões atemporais e de valor universal.

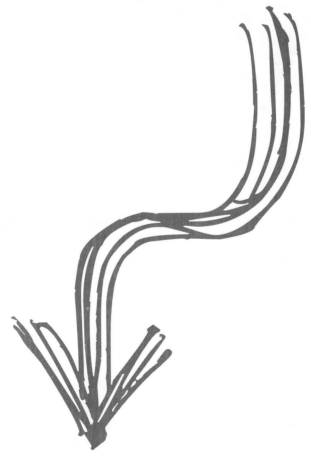

Lendo este livro, você vai aprender algumas estratégias e truques essenciais para ter ideias, escrever e revisar/editar:

- Como lidar com a inspiração e a imaginação, além de tirar proveito do imprevisto, dos estímulos e dos pretextos.
- Como as etapas do processo criativo conduzem você para frente na busca por uma nova ideia.
- O poder das anotações na descoberta de assuntos e ideias para criar e escrever.
- Como o encontro da segunda resposta certa diferencia principiantes e profissionais.
- Por que o *brainstorming*, ou "tempestade de ideias", provoca ótimos resultados.
- Como a costura de ideias e conceitos dá vida nova a palavras e frases.

Você também vai saber:

- O medo de escrever é normal e pede uma grande coragem: seguir em frente.
- No início da carreira, imitar os grandes autores é uma grande virtude.
- Desvendar mistérios e derrubar mitos sobre o que é escrever e ser escritor.
- Começar o trabalho de escrever é meio caminho andado. Rascunhar, também.
- Quais as rotinas e hábitos dos grandes escritores.
- Tudo o que a definição de um tema pode fazer por você e pelo leitor.
- A construção de frases e parágrafos consistentes.
- Como chamar a atenção, despertar o interesse, provocar o desejo e levar o leitor à ação.
- Como o *briefing*, usado por grandes agências de propaganda, orienta a criação adequada da mensagem.
- Como o substantivo, ao contrário do adjetivo, trabalha a serviço da clareza e da consistência da mensagem.
- O que é escrever com estilo, isto é, com personalidade.
- Como os grandes escritores usam o ritmo para construir textos arejados.
- O que o verbo pode fazer para o enriquecimento do texto.
- Como descrever, narrar, dissertar e argumentar.
- Como construir um texto com coerência, coesão e concisão.
- Como o título e o subtítulo podem levar o leitor para dentro do texto.
- O passo a passo para a construção de um bom texto. Sem mistério.

Agora, vá em frente! Afinal, evoluir é um ato prazeroso. Assuma o comando e faça muito sucesso.

Criatividade

PENSAR DE MANEIRA DIFERENTE PARA ENCONTRAR CAMINHOS INESPERADOS.

A mente humana, uma vez ampliada por uma nova ideia,
nunca mais volta ao seu tamanho original.

Oliver Wendell Holmes

Criatividade é a arte de pensar de maneira diferente para encontrar caminhos *inesperados*. A escultura da ideia está escondida dentro da pedra de nossas experiências. Caprichosa, só se revela se o candidato a artista acreditar que ela existe e aventurar-se rocha adentro, tirando com afinco os excessos e fazendo a obra, enfim, aparecer. O encontro se torna mais fácil e natural para quem tem uma mente curiosa, é meio bisbilhoteiro.

Usei a metáfora da escultura. Mas também se pode afirmar que o processo criativo é como pular um muro. Primeiro, você corre em direção ao muro e tenta pular. Se não consegue, tenta de outro jeito. Mas agora procurando a segunda resposta certa, não convencional, para a pergunta sobre como realizar com sucesso aquela empreitada e chegar do outro lado, lá onde se esconde o que procura: a ideia.

Em todas as atividades, sempre existe o risco de você ficar momentaneamente sem ideias. Nesse caso, onde encontrá-las?

Embora esperada, a ideia original sempre aparece quando menos imaginamos – ela tem esse hábito de ser imprevisível. E, mesmo sabendo que ela vem, não a recebemos sem experimentar o gosto de surpresa e espanto. Já que é assim, melhor preparar-se.

Ora, isso traz pelo menos uma consequência. Nossa mente, uma vez ampliada por uma ideia, não será mais a mesma. Ela nos tornará mais capacitados para enfrentar os desafios que a vida, sem cerimônia, despeja em nossa porta. Quando desenvolvemos a criatividade, pouco a pouco nos tornamos pessoas diferentes. A mudança tende a ser visível. Pensamentos, palavras, ações, tudo revela que estamos voltando da experiência de um momento privilegiado.

Mas aqui fica um alerta: se a mente não estiver pronta para receber os frutos da criatividade, não irá enxergá-los, tampouco saberá como conviver com eles. O tecido velho se romperá, devido à dificuldade para suportar o novo, eliminando-o como se faz com as coisas que consideramos sem futuro.

Em casa, na empresa, na escola e em qualquer ambiente, gerar resultados pode depender somente de saber usar a criatividade – só por meio dela somos capazes de encontrar soluções que os meios convencionais não conseguiram oferecer, recebendo-as adequadamente quando surgirem.

Olhando para o passado, vemos na história um desfile de pessoas e empresas notáveis que se descuidaram disso. A miopia lhes custou um bocado caro, privando-as de boas experiências de sucesso. Veja alguns exemplos:

> Em 1878, Jean Boillaud, da Academia Francesa de Ciências, olhou com descaso para o fonógrafo de Thomas Edison e disse: "É totalmente impossível que os nobres órgãos da fala humana sejam substituídos por um insensível e ignóbil metal".

> Direto da solene Universidade de Oxford, pelos idos de 1879, Erasmus Wilson fez uma afirmação pouco brilhante: "Quando a Exposição de Paris se encerrar, ninguém mais ouvirá falar em luz elétrica".

- Falando sobre o próprio invento, Auguste Lumière mostrou quáo limitada era sua visão de futuro: "O cinema será encarado por algum tempo como uma curiosidade científica, mas não tem futuro comercial".

- Era março de 1956, quando, ao demonstrar sua descrença no rock, a famosa revista *Variety* previu: "Até julho sai de moda".

- Da revista *American Cinematographer* veio esta previsão, em 1900: "O cinema sonoro é uma novidade que durará uma temporada".

- O *The New York Times,* em 1939, arriscou e não acertou: "A televisão não dará certo. As pessoas terão de ficar olhando sua tela, e a família americana média não tem tempo para isso". E o presidente do estúdio de cinema 20th Century Fox, em 1946, concordava: "A televisão não será capaz de manter nenhum mercado que conseguir após os primeiros seis meses. As pessoas logo se cansarão de olhar para uma caixa de madeira compensada toda noite".

- Para terminar, uma afirmação de 1876 do *Dallas Tribune* para pensar: "Quem disser que um dia as ruas estarão coalhadas de carruagens sem cavalos deve ser internado num asilo de loucos".

Se aceitamos o desafio de descobrir novas ideias, é também por acreditarmos que, transformadas em ações, elas governam o mundo. Nisso, comungamos com o pensamento do Tupac Amaru José Gabriel Condorcanqui. Ao perceber a força de uma ideia, não faz cerimônia e dispara uma certeza tão simples quanto verdadeira: "Não há calibre que mate uma ideia". No máximo, ela pode ser silenciada, nos porões de uma mente coberta de poeira envelhecida – os sistemas ditatoriais que o digam. Todavia, assim como o sol, que não deixa de existir apenas porque uma nuvem teimosa insiste em passar na sua frente, uma grande ideia silenciada jamais perderá sua força transformadora. E, queiramos ou não, as nuvens são passageiras, enquanto o sol atravessa milênios.

PARA COMEÇO DE CONVERSA

Quando mergulhamos no trabalho criativo, o melhor é começar pensando em nós mesmos. Isso não é nenhum pecado. Por exemplo: no que diz respeito a acessórios pessoais, como roupas e calçados, convém preferir aqueles que o deixem à vontade.

Trabalhe em um espaço grande o suficiente para espalhar papéis. E, já que "escrever é a arte de colocar a bunda na cadeira", que ao menos esse móvel seja muito confortável. Na hipótese de trabalhar em casa, tenha um espaço onde possa escrever, deixar tudo lá e sair, com a certeza de que vai encontrar as coisas exatamente como deixou.

Se possível, mantenha duas estações: uma analógica e outra digital. Cercado de papéis, lápis e canetas, provoque as ideias, rabiscando, fazendo esquemas, escrevendo o improvável, sendo meio louco, meio artista, dá na mesma e dá resultado. Depois, quando a primeira ideia se manifestar, talvez por descuido, vá para o computador e utilize todos os recursos do processador de textos para lapidar o diamante bruto que encontrou enquanto explorava possibilidades sem compromisso. Tente pensar que tudo aquilo pode não ter nada de absurdo. E vá em frente.

Uma vez tendo preparado o ambiente de trabalho, planeje o próprio tempo e estabeleça metas – o subconsciente, que gosta de mostrar serviço, tem certa fixação por metas, isso aumenta a produtividade dele. Determine também o período em que trabalhará em um projeto. Tome essas e outras decisões e seja disciplinado para cumpri-las.

Lembre-se de que um pouco de pressão, mesmo aquela autoimposta, não chega a ser um mau negócio. Ninguém morre por isso, pelo contrário. Apenas não se recomenda querer encontrar uma grande ideia quando todo o tempo de que dispomos são escassos 30 minutos e estamos espremidos entre duas atividades muito exigentes. Programe um período de mais de uma hora, no qual possa dedicar-se efetivamente ao assunto. Isso se torna ainda mais importante quando o tema não é suficientemente conhecido. Pesquisa é uma atividade que exige tempo.

Portanto, invista no abastecimento da sua mente e treine sempre. Não permita que ela seja atacada pela ferrugem. Nesse sentido, vale conhecer as recomendações de uma autoridade no assunto: Whitt N. Schultz, famoso homem de vendas e publicidade, que entre seus maiores empreendimentos inclui a criação da Universidade de Buffalo, nos Estados Unidos, conhecida por seus cursos de criatividade. Em artigo publicado no *Chicago Sunday Tribune,* o autor propõe alguns caminhos para ser mais criativo e original.

Schultz adverte para o fato de que há um tesouro na cabeça de cada um de nós, algo como uma mina de ouro, pronta para ser explorada. Portanto, se existe o propósito de tornar-se profissional da escrita, escreva ao menos alguma coisa todos os dias. Acompanhe algumas dicas do autor:

- Para facilitar o trabalho, faça anotações. Nunca saia de casa sem papel e lápis, isto é, algo com que possa tomar nota de uma ideia repentina. Não confie tanto na memória.
- Armazene ideias, classificando-as por assunto. E nunca interrompa o abastecimento desse banco de dados. Para isso, sirva-se de leitura, viagens, conhecimentos obtidos no contato com novas pessoas, naquele filme, enquanto assiste a uma competição, na fila do banco...
- Crie o hábito de observar tudo cuidadosamente. Observar e absorver, agindo como se fosse a última vez que aquela visão aconteceria em sua vida. Nesse sentido, é indispensável desenvolver a própria curiosidade sobre pessoas, coisas, lugares, porque tudo pode ser transformado em matéria-prima na hora de criar.
- Ao mesmo tempo, nunca se afaste desta prática que nunca falha: quando conversar, habitue-se a ouvir o que não foi dito. Em tudo, descubra sempre novas fontes de ideias – elas se escondem nas páginas dos livros, nas amizades de todo dia, nos assuntos aparentemente mais improváveis para esse fim.

- Antes de julgar, compreenda o que foi dito. E, sobretudo, mantenha a mente sempre ligada.
- Uma advertência: crie uma rotina, isto é, defina uma hora e lugar para pensar e criar, todos os dias.
- Lembre-se de construir grandes ideias, fazendo combinações, adaptações, modificações, aumentando aqui e diminuindo ali, reorganizando, invertendo as ideias que você já tem.
- Aprenda a fazer perguntas que desenvolvam o cérebro – as melhores são *o que, quem, quando, onde, como, por que*.
- E lembre-se de que uma ideia razoável colocada em prática tende a produzir resultados mais satisfatórios que uma ideia brilhante que fique muito bem guardada num cofre.

Tudo que dissemos até aqui tem apenas um objetivo: respeitar um princípio básico da comunicação, isto é, tornar uma ideia *comum* capaz de provocar mudanças significativas de comportamento em nosso leitor. Isso equivale a afirmar que, se temos algo a dizer, devemos dizê-lo com palavras e imagens que fazem parte do universo do público que desejamos atingir.

Portanto, não convém que sejamos enigmáticos. Afinal, é mais provável que nem mesmo a boa vontade do leitor o leve a se esforçar para descobrir o que estamos querendo dizer.

Ora, sem repertório suficiente para entrar em sintonia com o público-alvo, a mensagem não será assimilada e correremos o risco de ficar falando sozinhos.

ORIGINALIDADE. E TUDO SE FAZ NOVO

Como identificar uma pessoa original? Basta verificar se o que ela fez tem caráter próprio, pessoal, se é algo que não foi copiado e não poderá ser imitado sem que todos percebam que o resultado obtido nada mais é do que uma cópia, indigna de crédito.

A tarefa de agir com originalidade exige uma atitude ousada e corajosa: ser sincero consigo mesmo na hora de expressar seus pensamentos, fazendo-o da maneira mais pessoal e singular possível.

Alguns autores consideram que a arte de escrever de maneira original consiste, em última análise, na capacidade de repetir uma ideia com uma abordagem nova, levando o leitor a pensar e sentir que aquele conteúdo é totalmente inédito. Em outras palavras, é como se afirmássemos que ser original é ter a habilidade de esconder as fontes. Todo o edifício da literatura, incluindo os clássicos, é feito a partir dessa técnica. A prática vem de longe, portanto.

Em *Passeios na ilha,* Carlos Drummond de Andrade admite que o desenvolvimento da originalidade tem etapas bem definidas. Sem muita poesia e com uma boa prosa, ele é claro ao desabafar: "Primeira fase: o poeta imita modelos célebres. Última fase: o poeta imita-se a si mesmo. Naquela, ainda não conquistou a originalidade; nesta, já a perdeu. Não há mais triste elogio que 'Não é preciso assinatura, isto é de x!' Esplêndido seria que só se descobrisse que é x pela assinatura".

Originalidade é exatamente o oposto do clichê – palavra, expressão ou construção que perdeu o sentido pelo excesso de uso. Em vez de usar clichês antigos, renove-os e crie afirmações originais.

Aproveitando o clima sugerido por Drummond, passeie por esta lista de clichês e fórmulas repetidas, um verdadeiro atentado contra qualquer coisa que possa ser considerada original. Depois responda: você usa isso com frequência? Se é o caso, controle-se.

A boa caridade começa em casa ≥ A pergunta que não quer calar ≥ A união faz a força ≥ Acender uma vela a Deus e outra ao diabo ≥ Algo me diz que ≥ Alto e bom som ≥ As voltas que o mundo dá ≥ Atirar a primeira pedra ≥ Bom demais ≥ Brilhar pela ausência ≥ Chovendo canivete ≥ Chover no molhado ≥ Com a faca e o queijo na mão ≥ Como dizia o outro ≥ Conhecer como a palma da mão ≥ Criança tem cada uma ≥ Custar os olhos da cara ≥ Da boca para fora ≥ Dançar conforme a música ≥ Dar a mão à palmatória ≥ Dar murro em ponta de faca ≥ Dar nome aos bois ≥ De certa forma ≥ De fio a pavio ≥ De qualquer modo ≥ De volta para o batente ⪼ Deixar como está para ver como é que fica ⪼ Desnecessário dizer ⪼ Diga o que tem a dizer ⪼ Dormir no ponto ⪼ Ele é boa gente ⪼ Em cheio no alvo ⪼ Então, como é que é? ⪼ Entrar pelo cano ⪼ Está brincando ⪼ Está na ponta da língua ⪼ Está no papo ⪼ Estou lhe falando como amigo ⪼ Estou numa roda-viva ⪼ Eu ia mesmo te ligar ⪼ Falei, está falado ⪼ Indo direto ao ponto ⪼ Isola na madeira ⪼ Isto deve dar para o gasto ⪼ Já sei aonde você quer chegar ⪼ Jogar mais lenha na fogueira ⪼ Jogar o verde para colher o maduro ⪼ Malhar em ferro frio ⪼ Maria vai com as outras ⪼ Misturar alhos com bugalhos ⪼ Morri de medo ⪼ Na calada da noite ⪼ Na flor da idade ⪼ Nada como um dia depois do outro ⪼ Não estou no meu normal ⪼ Não quero ouvir um pio ⪼ Não se incomode comigo ⪼ Nem tudo o que reluz é ouro ⪼ Nos braços de Morfeu ⪼ Nunca vou me conformar ⪼ O tempo voa ⪼ O tiro saiu pela culatra ⪼ Onde termina isso? ⪼ Para dizer a verdade ⪼ Para encurtar a história ⪼ Para inglês ver ⪼ Para ser bem honesto ⪼ Pomo de discórdia ⪼ Posso dizer uma coisa? ⪼ Posso lhe fazer uma pergunta? ⪼ Posso ser franco? ⪼ Quebrar galhos ⪼ Quem guarda tem ⪼ Rinoceronte em loja de cristais ⪼ Roma não se fez num dia ⪼ Roupa suja se lava em casa ⪼ São coisas da vida ⪼ Segure as pontas ⪼ Só tenho duas mãos ⪼ Subiu feito um rojão ⪼ Tapar o sol com uma peneira ⪼ Todo dia é dia ⪼ Tudo o que sobe desce ⪼ Tudo tem um limite ⪼ Uma das mãos lava a outra ⪼ Uma no cravo, outra na ferradura ⪼ Vamos levando ⪼ Vender gato por lebre ⪼ Verde, que te quero verde ⪼ Você é meu amigo ou é amigo da onça? ⪼ Você tirou as palavras da minha boca ⪼ Vou ser claro com você.

ETAPAS E BLOQUEIOS. CAMINHOS E DESCAMINHOS

A estrutura do processo criativo é muito simples. Helvétius dizia: "Uma ideia nova é filha da comparação de duas coisas que ainda não tinham sido comparadas". M. Schwob reforçava a afirmação anterior ao garantir que "toda construção é feita de escombros, e não há nada de novo neste mundo senão as formas".

Talvez não tivessem pensado nisso, mas se referiam à associação de ideias, método sistematizado por Alex Osborn no clássico livro *O poder criador da mente*. Manipuladas com originalidade e sem compromisso com padrões ou convenções, as *coisas* e os *escombros* a que se referem Helvétius e Schwob tendem a produzir soluções criativas.

É uma pena que em geral nossa crença na simplicidade do processo e na capacidade de produzir algo original se desfaça como nuvem. Isso se deve à tendência inata de complicar as coisas ou de acreditar que não fomos premiados com o dom divino da criatividade.

Isso sem contar os outros bloqueios dos quais somos vítimas e que nos impedem de criar. Veja o retrato falado de cada um deles. Lembre-se das vezes em que esteve envolvido com um ou mais personagens da relação a seguir. Depois fuja desses monstros que abortam ou sacrificam ideias recém-nascidas.

- **Rotina e acomodação** – a correria nossa de cada dia não nos deixa tempo disponível para ter ideias. Além disso, é muito mais fácil usar o que já foi pensado antes. A lista de clichês à nossa disposição é enorme e não para de crescer.
- **Manutenção do *status*** – há uma pergunta inconsciente que aparece sempre que temos a oportunidade de sair do lugar-comum. Essa voz insistente quer saber: "Por que experimentar a insegurança do novo?"
- **Medo do ridículo** – vivemos numa sociedade que nem sempre vê com bons olhos os que têm coragem de tentar novos caminhos. Nossa cultura, apenas aparentemente calcada na liberdade, tende a impossibilitar, dissimuladamente, a geração de ideias em grande quantidade não só no campo da

literatura. Assim, compromete a qualidade dos resultados obtidos. Ela coloca sobre nossos ombros o peso do medo. Trata-se de um micróbio capaz de nos afetar os sentidos enquanto amplifica o perigo e o torna ainda mais assustador e paralisante. Quanto menor o medo que sentimos de inovar, tanto menor o perigo real. O grande problema está em nossa tendência de acreditar mais no que tememos do que no que desejamos – investimos de maneira errada e colhemos prejuízos. Sem contar que, aí sim, geramos ideias que podem beirar o ridículo.

- **Intolerância para com o novo** – acostumados com as mesmas respostas de sempre, nossos ouvidos sofrem diante de uma abordagem diferente – não só os nossos, evidentemente. Há casos em que pensar de maneira diferente derruba verdades cuja queda era tão inimaginável quanto a do falecido Muro de Berlim. A intolerância mata ideias e tenta justificar genocídios.

- **Imediatismo** – nos meus cursos e palestras, sempre que tocamos neste assunto, a grita é geral: numa única voz, os participantes lamentam não dispor de tempo necessário para a pesquisa e o amadurecimento de uma ideia. Isso os impede de conhecer mais e de ir além do que seria apenas o primeiro rascunho da mensagem escrita.

Talvez o bloqueio mais perigoso esteja no fato de que não raro o processo criativo é desconhecido. Nem sempre nos damos conta de que, como qualquer outra manifestação existente na natureza, a criação também se desenvolve em etapas.

A gestação de uma ideia guarda muita semelhança com a gravidez, que não reage favoravelmente quando uma das etapas é queimada. Mutiladas, sem poder seguir seu curso, ideia e gravidez têm um final trágico. O resultado inevitável chama-se aborto, com os inevitáveis riscos para a saúde ou até para a sobrevivência da "mãe". Vamos percorrer cada etapa.

Identificação. Saber a pergunta é estar mais perto da resposta

Não existe nenhum tema sobre o qual você não possa escrever. Nenhum campo da vida é inadequado. Oriente-se por suas preferências e seus valores e veja como isso faz diferença no que diz respeito à qualidade final do seu texto e aos resultados obtidos.

Se existe a necessidade de encontrar uma ideia, é porque em algum lugar um problema precisa ser resolvido e as soluções convencionais não solucionam.

Quando sabemos qual é a pergunta a ser feita, metade da resposta já está em nossas mãos. Não importa se temos a impressão ou a certeza de que conhecemos muito do problema pela busca de resposta.

Consideremos que algum aspecto sobre a natureza da resposta esperada ainda não foi totalmente compreendido. É o caso de irmos ainda mais fundo, não nos contentarmos com respostas genéricas. Convém investigar, interrogar e saber com o máximo de objetividade aonde se deve chegar. Assim economizamos tempo, trabalho, dinheiro, aborrecimento etc.

Antes de encontrar qualquer solução para um desafio, deve-se descobrir por onde começar o trabalho. Compreender o cerne da questão é o caminho mais curto para resolvê-la. A melhor maneira de concluir um projeto é definir sua finalidade essencial, seu objetivo básico. Portanto, pergunte-se: "Qual o motivo para iniciá-lo?" "Qual é o objetivo a ser alcançado?" É aqui que se esconde, camuflada, a solução. Esse será o primeiro terreno onde vamos trabalhar.

Já que esse é o momento em que se define com maior precisão o problema a ser resolvido, comece colocando seu objetivo no papel. Pois a falta de metas claras impõe a aceitação de qualquer resultado. Diga, então, para o seu subconsciente o que deverá acontecer depois que encontrar a solução.

Para aprender mais sobre a importância de um objetivo bem definido, basta olharmos para a dinâmica da vida, cheia de ensinamentos. Veja o caso dos homens e mulheres mais bem-sucedidos da história – gente como Stephen King, J. K. Rowling, dentre outros. Não por acaso, todos tinham a imagem de seu objetivo principal firmemente implantada na mente.

O que é, afinal, o objetivo? O exemplo a seguir ajuda-nos a encontrar a resposta. Imagine um bebê. É madrugada e ele está chorando, talvez com dor de ouvido. O objetivo da mãe não será aplicar o remédio X, mas fazer com que, depois de medicada, a criança sinta alívio e durma tranquilamente. Donde se conclui que "sentir alívio e dormir tranquilamente" são os objetivos, não o ato de dar remédio. O objeto do medicamento é a criança, não a mãe, tanto quanto o objeto de um texto é o leitor, e não o que o escritor deve fazer.

Para ilustrar de outra maneira o que acabamos de afirmar, tomemos agora um exemplo extraído do setor de propaganda. Se a escolhemos, é por tratar-se essencialmente de uma atividade que vive da criatividade e da redação, acomodadas nos exíguos espaços de que dispõem nas páginas de jornais, no rádio, na televisão, nas mídias sociais etc.

Uma coisa é dizer que devemos criar uma campanha para vender caminhões. Esta não é uma ideia bem formulada, pois lembra uma foto amadora e sem foco definido no objeto. E a realidade mostra bem claramente que ideias ótimas para problemas que não existem ou estão indefinidos são ideias inúteis. Outra, mais inteligente, é dizer que devemos criar uma campanha a ser publicada em X veículos de comunicação, com o objetivo de vender caminhões de tal marca, modelo, tonelagem, os quais têm um mercado potencial Y e serão vendidos em tal região geográfica.

A conquista desse estágio está condicionada à posse de uma proposição clara e bem alicerçada, de preferência expressa com muitos números e substantivos e poucos adjetivos. Caso contrário, corremos o risco de trabalhar horas a fio numa direção, abortando boas ideias, até que alguém nos diga que "isso não pode ser feito porque...".

Quanto mais precisa a informação, mais exato será o objetivo e estaremos menos expostos a erros.

Em *Ansiedade de informação: como transformar informação em compreensão*, Richard Saul Wurman lembra que, quando não nos perguntamos qual é o objetivo de nosso projeto, nossas escolhas tornam-se arbitrárias. Ora, essa ansiedade gera uma sensação incômoda. E, ansiosos, ficamos imaginando se não haveria uma solução melhor para aquele problema. O autor não menciona, mas certamente isso provoca uma paralisação geral no processo criativo, que empaca.

Ainda segundo Wurman, temos o péssimo costume de ir muito depressa para o "como", quando deveríamos gastar mais tempo definindo com precisão "o que" desejamos fazer.

Para descobrir esse objetivo, brinque um pouco, pergunte às coisas o que elas desejam ser. Talvez essa recomendação sugira algo como sanidade mental comprometida, mas tudo bem, os artistas vivem pensando fora da caixa, o que às vezes lhes garante o rótulo de "loucos". Assim, se você vai preparar uma aula, escrever uma palestra ou uma crônica, imagine-a como se fosse uma pessoa sentada na sua frente e faça-lhe a pergunta "para atender ao que se propõe, como você gostaria de ser depois de pronta?" – algo como perguntar a uma criança o que ela quer ser quando crescer. E aí, então, descubra que relação isso tem com o que você deseja fazer, faça os ajustes necessários e siga em frente. "Penso que o seu projeto de vida se desenvolve a partir da formulação dessas perguntas", acrescenta ele.

Preparação. Conhecimento e poder

Estamos diante de uma das etapas que mais consomem tempo no processo criativo. Ela é também uma das mais áridas e insossas. O período de preparação tem um enorme poder de nos conduzir ao desânimo. É que, ao mesmo tempo que exige trabalho dobrado, não mostra qualquer resultado palpável. Não é por acaso que, levados pelo imediatismo, tantos estudantes desistam da universidade no primeiro ano. Do mesmo jeito, bons músicos do futuro acabam com uma carreira brilhante quando sentem que lhes falta paciência para ter aulas sobre Teoria Musical. Ora, tudo o que desejavam era, no primeiro mês de conservatório, como que por milagre, brilhar numa orquestra sinfônica, talvez em Viena. Um perigo.

Tudo começa após a definição do problema, quando se trabalha com força máxima para obter uma compreensão clara a respeito da situação que gerou a necessidade de uma ideia. O trabalho de preparação nos traz à mente a imagem de um personagem movido a curiosidade, o explorador. Levado pelo interesse investigativo, ele deseja saber mais sobre o que existe de novo e o que pode ou deve fazer de maneira diferente. É quando coletamos os primeiros dados a respeito do assunto, ainda com um pé na etapa anterior, a identificação.

Sobretudo nesse momento, é importante manter a mente aberta. Não obstante a falta de consulta aos principais interessados, o mundo está sendo virado de cabeça para baixo. Nossa realidade vive em constante mutação. E isso transforma em imprudência a tentação de se sentir absolutamente seguro a respeito do que se aprendeu em curto espaço de tempo. Esse é o principal motivo pelo qual o criador faz perguntas, informa-se para obter novos fatos, evita emitir opiniões e não se fecha a novos pontos de vista. Em mente fechada não entra mosquito, diria um conhecido empresário do mundo esportivo. Mas também não entra mais nada.

Uma pergunta é inevitável: o que faz com que esse processo requeira tamanho envolvimento? A resposta é simples. O encontro de uma nova ideia não acontece por acaso. Ao contrário, é resultado de um mergulho profundo no problema. É óbvio que nem tudo o que nasce dessa busca em águas profundas será dito ao leitor. Isso nos transformaria num professor chato, sem didática. O que queremos é dominar de tal forma o assunto para que possamos nos dar ao luxo, responsável e profissional, de encantar aquele que nos lê, por meio da abordagem e pela forma inusitada de tocar em assuntos aparentemente corriqueiros, sempre disfarçando com talento o nosso repertório.

A preparação pode ser *direta* ou *indireta*. No primeiro caso, buscam-se as informações na área específica em que a questão está sendo trabalhada. Exemplificando, podemos pesquisar novas formas de vender um sorvete envolvendo-nos em um conjunto de palavras e de imagens de sorvete.

A preparação chamada *indireta* acontece quando buscamos informações em lugares e situações sem nenhuma relação direta com o assunto – pense, por exemplo, em quantas possibilidades de solução para pequenos problemas domésticos existem escondidas num velho depósito de ferragens e sucata. Ou, de volta para a questão do sorvete, podemos tentar encontrar respostas entre palavras e imagens ligadas à ecologia, por exemplo. Apenas para "brincar de como seria se fosse", porque não dispomos de um *briefing* de criação que ofereça parâmetros, imagine algo do tipo "O verão, este ano, está mais quente. Nosso corpo sabe disso e reage. Transpira muito mais. Perde e pede mais líquido. A solução perfeita é um sorvete de frutas. Sem aquelas adições que tanto prejudicam a saúde, o sorvete refresca enquanto nos dá os nutrientes de que mais precisamos. Bom para o nosso organismo, que se mantém limpo e saudável. Bom para a natureza, que não sofre com a retirada de matéria-prima para a fabricação de produtos artificiais. A dica mais refrescante deste verão é um delicioso sorvete de frutas. Além de tudo, uma ideia originalmente saudável."

De um jeito ou de outro, a competência continua sendo fator decisivo. Dito em outras palavras, é fundamental que tenhamos uma grande familiaridade com todos os fatos e as situações. Isso implica aprender tudo a respeito do problema antes de escrever qualquer coisa sobre ele. O que não se consegue mantendo-se trancado entre quatro paredes, não apenas aquelas feitas de tijolos, mas as que oferecem maior perigo, as paredes do intelecto.

LEIA MUITO. AUMENTE O REPERTÓRIO

A leitura nos permite passar as horas que desejarmos na companhia das pessoas mais interessantes do mundo das letras. O que nos dá a grande vantagem de pensar com a ajuda de alguém mais experiente no assunto. Isso tudo, quase de graça, se pensarmos no tempo e trabalho investidos pelo autor etc. na produção do que nos chega às mãos.

Se a redação é a maneira de organizar e reorganizar o pensamento, a leitura é a fonte de onde retiramos as informações que vão servir de matéria-prima para a construção do texto. O que fica muito interessante e divertido quando nos aventuramos em busca de novos caminhos.

Sem matéria-prima, não adianta dispor do melhor marceneiro. Ele não conseguirá inventar uma linda cadeira do nada. Para Wurman, citado anteriormente, somos o que lemos. Seja em nossa vida profissional, seja na pessoal, somos julgados pela informação que utilizamos. A informação que consumimos desenha a nossa personalidade, contribui para as ideias que formulamos e dá cor à nossa visão de mundo.

O escritor americano Philip Roth costumava dizer que, quando estava trabalhando, lia o tempo todo. Roth afirmava que essa era uma forma de manter os circuitos funcionando. Tratava-se de um modo de pensar em sua linha de trabalho, enquanto descansava um pouco do que estava fazendo. "Ajuda, visto que abastece a obsessão global", disse. Não por acaso, Elmer Letterman afirma: "Sorte é o que acontece quando a preparação encontra a oportunidade". Leitura é preparação pura e simples. Os melhores, nas suas respectivas áreas de atuação, pessoal ou profissional, sabem disso. Sabem e praticam diariamente, mudando a lente dos óculos à medida que entram em novo texto, produzido num gênero ou estilo diferente. Para cada obra, uma atitude, uma busca diferenciada, a fim de potencializar o efeito da leitura e a qualidade do resultado final. Saber um pouco mais sobre o autor e o contexto em que a obra foi produzida evita uma compreensão distorcida dos seus propósitos ao escrever, do uso que faz da linguagem, do seu tom de voz etc. – como se sabe, é o con*texto* que fornece o pre*texto* para a produção do *texto*. Também nesse caso, o desejo de aprender a circular entre diferentes gêneros, associado ao treino diário, produz ótimos resultados. Mas é preciso começar.

Nesse sentido, leia tudo o que puder. Procure uma biblioteca. Na falta desses verdadeiros centros de cultura (que, ao contrário de algumas profecias mais apressadas, não desapareceram), ache uma livraria ou um sebo. Esses espaços são ótimos esconderijos de ideias e muitos permitem que você passeie por suas prateleiras sem, necessariamente, adquirir algo – mas, claro, se encontrar uma boa promoção, não perca a oportunidade de começar ou aumentar a sua minibiblioteca... Cercado de livros, mergulhe neles – essa prática pode levá-lo a ampliar seu repertório cultural, de um jeito divertido e compensador. Afinal, você precisa ler muito para ser capaz de escrever. Há, ainda, a possibilidade de consultar obras em domínio público disponíveis na internet.

Seguindo esse mesmo raciocínio, a leitura é para a mente o que o exercício físico é para o corpo. Não é por acaso que algumas pessoas dedicam um período do dia à leitura do dicionário, ainda que isso pareça loucura. Pouco importa o tamanho da obra: um grande livro ou uma frase em forma de *slogan*. Se demonstrar qualidade, ela terá sido sempre o resultado de muitas horas de leitura e trabalho. Conta-se que um grande escritor brasileiro foi convidado a escrever o *slogan* para um restaurante recém-inaugurado. Alguns minutos depois, ele apresentou a frase solicitada. Consultado sobre o preço que cobraria pelo serviço, o cliente não aceitou o valor. "Você gastou apenas alguns minutos pra criar uma frase e vai cobrar tudo isso?!" Ao que o escritor respondeu: "Não, eu não gastei apenas alguns minutos, eu gastei mais de 40 anos pra criar o seu *slogan*". Ele falava de todo o seu período de preparação para chegar a essa performance. Mentes com musculatura bem treinada produzem mais e melhor.

Mas não basta apenas ler. É preciso digerir as palavras. Fazer com que elas se transformem em quem as lê e passem a integrar seu patrimônio cultural. Esse é o caminho natural de qualquer alimento que ingerimos. Por isso não há nada melhor do que beber na fonte. A possibilidade de dispormos do original dispensa-nos do constrangimento de desfilarmos ostentando uma simples imitação. E o que são comentários sobre obras literárias senão algo semelhante? O que conta é o "o", não o "sobre".

Mesmo que alguém devore montes e montes de informações, resumos ou críticas, nada vai substituir a leitura direta de um autor. Para aumentar a bagagem cultural e aprender com quem serve de modelo, não devemos nos contentar em ler *sobre* Machado de Assis, por exemplo. Ao contrário. Aprenderemos muito mais a respeito do que é a arte de escrever se degustarmos cada palavra do autor de *Dom Casmurro* e outras preciosidades que compõem sua obra literária.

Ainda com relação a este assunto, convém tratarmos de outro "detalhe", que pela importância de seu significado nem mereceria esse nome. Não é difícil encontrar pessoas que tratam diferentes gêneros de textos como se todos fossem iguais. É a massificação da leitura, um distúrbio que não se justifica. O motivo é o mesmo que nos leva a compreender as razões pelas quais não usamos roupas de inverno em pleno verão e vice-versa.

Otto Maria Carpeaux tratou desse problema em *Origens e fins* ao dizer que as pessoas não sabem ler. "Aplicam a um poema o mesmo processo errado que aplicam a anúncios de jornal ou a notícias de propaganda política: contentam-se com o sentido superficial das palavras, sem explorar a intenção daquele que fala. Confundem duas coisas que estão juntas em cada palavra falada ou escrita: a expressão e a intenção".

Quando você lê a informação segundo a qual o macaco é um animal que pula de galho em galho, está diante de um texto denotativo: nele, a palavra quer comunicar apenas o seu sentido real, restringindo-se à informação, desprovida de análise etc. É a isso que se propõe idealmente o jornalismo, por exemplo. Ele procura narrar fatos sem se utilizar de recursos retóricos para enfatizar este ou aquele dado. É o texto da objetividade, portanto. Ao contrário disso, o texto conotativo tem sentido figurado, – o macaco pulou tanto que acabou quebrando a cara. Aqui, a palavra apresenta um significado mais contextual e interpretativo. Trata-se de um recurso estilístico, uma vez que o referido animal pode estar intacto e passar muito bem apesar das suas estripulias e do enorme susto que levou.

Identificar e distinguir o que é denotativo e conotativo são providências inteligentes. Mas elas não são únicas. Outra tem a ver com a prática de traçar um guia antes de iniciar a leitura.

Para desvendar elementos importantes do texto, atente-se aos itens seguintes:

- Relação causa-consequência
- Maneiras como o poder e a ideologia atuam
- Onde se encontram os conceitos
- Estudiosos que tratam do tema e respectivas teorias
- Exemplos
- Analogias
- Inclusão de fatos
- Motivação dos atores
- Objetivos pretendidos
- Fundo histórico
- Formas como os fenômenos se manifestam

- Dados estatísticos
- Problematização
- O que é senso crítico e senso comum naquela mensagem
- Valores defendidos pelo autor
- Tendências.

Quando se tem uma chave de leitura definida, o texto se revela com mais facilidade.

SAIA A CAMPO. FAÇA UMA BOA COLHEITA DE MATERIAL INESPERADO

Para não ficar preso numa bolha, algumas medidas estratégicas devem ser tomadas. São elas:

- Fique atento e aprenda com a experiência dos outros.
- Já que seu objetivo é levar o público-alvo a aceitar seu ponto de vista, estude o objeto de seu texto em profundidade.
- Torne-se competente a respeito do que deseja falar.
- Examine o que já disseram sobre o assunto, para não incorrer em meras repetições. Investigue sobre tudo o que já descobriram a respeito do assunto.
- Estude testemunhos de pessoas que aprovaram o seu texto, sem deixar de levar em conta o que motivou o comportamento dos que, ao contrário, lhe deram as costas. É revelador investigar a causa de uma recusa, para que ela seja transformada em adesão por meio da prática de uma comunicação criativa e adequada.
- Se uma ideia deu certo, utilize-a de novo, agora com variações.
- Reúna informações, fatos conhecidos ou inéditos.
- Experimente, explore.
- Converse com muita gente: as pessoas envolvidas com o assunto trazem na bagagem elementos previsíveis, que nem por isso devem ser ignorados; as que o observam de longe, por outro lado, têm o poder de perceber o que todos viram, mas poucos enxergaram, trazendo um conteúdo original, imprevisto e cheio de riqueza para auxiliar no seu trabalho de falar, convencer e contribuir.

- Faça perguntas.
- Vá fundo no trabalho de abastecer o computador que carrega sobre o pescoço. O momento é de preparar o terreno.
- Recuse-se a ficar parado, olhando para lugar nenhum, como quem espera por um milagre que não vem.

John Dewey adverte para a realidade segundo a qual podemos ter os fatos sem pensar, mas não podemos pensar sem ter os fatos. Portanto, interrompa o trabalho somente quando tiver certeza de que vasculhou em todos os cantos possíveis.

Nesse sentido, aqui estão algumas perguntas que podemos fazer:

- Qual a ideia a ser defendida?
- Quais os pontos fortes dessa ideia?
- Em que ambiente competitivo ela se encontra?
- Quem é o possível leitor?
- Se for esse o caso, como essa ideia foi apresentada no passado?
- Quais são os nossos objetivos?

ANOTAÇÕES. PAPEL, CELULAR, NÃO IMPORTA: ESCREVA NA HORA

As situações que nos fornecem material para gerar ideias ou defesa de uma posição aparecem e fogem inesperadamente. Alguém precisa de uma razão mais forte para fazer anotações imediatas quando o propósito é capturá-las?

A origem latina da palavra "anotar" nos remete à ideia de *observar*. Ora, isso não acontece por acaso. E é grande o número de escritores que, antes de iniciar o trabalho de redigir, anotam muitas coisas. E então chega o dia em que tudo se resolve na mente e se transforma em texto. O que só acontece porque ela está muito bem abastecida de informações.

A prática de fazer anotações amplia as possibilidades de criar e escrever com mais qualidade. Diante da ideia para um texto, de um tema ou de uma imagem, ela deve ser transformada em anotação, armazenada num arquivo, digital ou analógico. Depois, quando chega o momento de escrever um novo texto, basta visitar esse reservatório de matéria-prima, ver o que ele guarda e utilizar o que for mais adequado.

Se você costuma deixar tarefas para amanhã, então deixe suas ideias escritas num caderno. Apenas fuja da fantasia, autoenganadora, de que vai se lembrar do que é importante sem que isso esteja escrito em algum lugar: você não vai resgatar todo o material.

Por isso, anote sempre. Na hora de escrever, outras ideias virão. Outros fatos entrarão em cena. Tome nota de tudo isso também, para que nada se perca. Depois, com todo esse conteúdo à disposição, filtre o que realmente serve para o seu novo trabalho, decida sobre o que vai para o lixo e o que aguarda uma nova oportunidade.

Gore Vidal dizia que escrevia algumas páginas de notas para cada romance. Frases, nomes, descrições de personagem. Mas ele raramente voltava a olhar o que registrava. No final do dia, sim, Vidal anotava o que seria trabalhado no dia seguinte.

Então anote isso: tomar nota continua sendo a solução, porque nem sempre as ideias chegam quando você quer. Sobretudo se é preciso respeitar um cronograma, quando o tempo corre e o prazo foge. Nessas situações, a tensão aumenta. O caminho que resta é registrar uma ideia, ainda que imperfeita, incompleta. Palavras, às vezes desconexas. Tirar o consciente de cena e, no seu lugar, colocar o imprevisível subconsciente. Acionado para entrar em processo de incubação, ele deverá providenciar, dentro do prazo, algo sobre o qual valha a pena trabalhar. Sem forçar a natureza, que tem seu próprio ritmo, é claro.

As anotações incorporam tudo o que você encontra, seja na rua, perdido em alguma página, nos sonhos, nas conversas, em todos os cantos, seja o repertório que já temos à disposição para construir um texto. Isso enriquece. O contrário implica perda. Ser escritor, como se vê, é trabalho em tempo integral.

O recurso de tomar notas pode representar uma santa ajuda para o escritor que vive o drama, às vezes comum, do bloqueio mental. Assim, quando uma ideia emitir os seus lampejos, capture-a imediatamente. Afinal, ela é como o relâmpago, que não fica esperando.

Você pode criar um documento virtual e, se preferir, reservar um pequeno caderno para isso.

Se for o caso, pense em separar um caderno (ou um documento eletrônico) exclusivo para uma ideia que tem grande potencial. Boas frases acabam de chegar à sua mente? Acolha uma a uma. Patricia Highsmith, roteirista e escritora, aconselhava a nunca jogar fora uma história com um bom enredo, nem mesmo em sinopse. Pouco importa se pensou no que é apenas um fragmento de ideia. Na hora certa, e com mais frequência do que se imagina, ele levará a uma frase salvadora. Ela observava ainda que as ideias "podem ser grandes ou pequenas, simples ou complexas, fragmentárias ou completas, imóveis ou em movimento. O importante é reconhecê-las quando chegam". Anotou?

MONTE UM BANCO DE IDEIAS E FRASES

As ideias estão soltas por aí. Brincalhonas, escondem-se onde menos esperamos e estão prontas para nos surpreender. Se não tomamos nota quando as reconhecemos, acabamos por esquecê-las. Ideias não param, não fazem *pit stop*. Ideias têm asas e abominam o sedentarismo, eis porque tendem a ser atraentes. Às vezes, o que nos chama a atenção é uma notícia de jornal ou um caso que ouvimos. Ou é sabe-se lá o quê. A gente nunca sabe como vai ser.

Não há dúvida de que o banco de dados, que podemos montar a partir de informações encontradas ao acaso, continua sendo um dos melhores recursos para ter acesso a um fato que de outra maneira ficaria esquecido num canto da memória. Isso explica por que, não raro, os escritores adotam um caderno de anotações, ou o próprio celular, do qual não se separam. Ron Mather trabalha com um bloquinho de notas e uma caneta. "Blocos de *layout* são meio difíceis de acomodar em mesas de restaurantes. Muito raramente a grande ideia é a primeira que surge", ele esclarece. Caderno, bloco de notas, o que importa é capturar a ideia no mesmo instante em que ela se distrai e revela-se sem aviso prévio.

Nosso propósito é aprender com a experiência de quem cria e escreve profissionalmente. Pensando nisso, aqui estabelecemos o primeiro contato, dentre outros que virão, com uma grande referência no assunto. Perguntado sobre o tema do próximo livro que pretendia escrever, supostamente sobre o Oeste americano e um pistoleiro, William Burroughs respondeu: "Sim, tenho pensado nisso há anos e tenho centenas de páginas de anotações sobre todo o conceito do pistoleiro". Ele se referia ao que modernamente chamamos banco de dados.

Portanto, tome nota: encontrou uma ideia? Prenda-a em algum lugar, por meio de recursos analógicos ou digitais, porque nela pode estar a salvação do seu trabalho literário. Lembre-se de que nossa mente sabe pouco sobre fidelidade, o que significa que não é nada prudente confiar no que ela define como real e imaginário. Anotou?

Incubação. Dê um tempo para as suas futuras ideias

O criador vive a aventura na qual se arrisca por caminhos desconhecidos, em busca de respostas que os meios convencionais não podem oferecer de maneira satisfatória. Não fosse assim, como explicar a angústia incômoda que nos acomete quando estamos em busca de uma solução nova para um problema às vezes antigo?

Jacob Riis oferece-nos uma reflexão que tem a medida certa para compreendermos este momento. E compreendê-lo é importante, porque ele tem o poder de nos mergulhar em sentimentos de derrota e impotência diante do problema. Por supervalorizá-lo, há quem abandone definitivamente a empreitada de trabalhar sobre um texto.

Mostrando com uma bela imagem que o resultado satisfatório de um trabalho é apenas fruto de um longo processo, Riis tranquiliza o escritor às portas da desistência e o conduz ao necessário recomeço: "Quando nada parece ajudar, eu vou e olho o cortador de pedras martelando sua rocha talvez cem vezes sem que nem uma só rachadura apareça. No entanto, na centésima primeira martelada, a pedra se abre em duas, e sei que não foi aquela a que conseguiu, mas todas as que vieram antes".

Por sua vez, Einstein, o gênio acostumado a encontrar respostas que abalavam conceitos aparentemente inquestionáveis, dizia algo parecido, o que comprova a tese e reconforta: "Penso 99 vezes e nada descubro. Deixo de pensar, mergulho no silêncio, e a verdade me é revelada".

Portanto, enfrente o caminho sabendo que ele é feito de pedras e das mais perigosas ciladas. O começo pode ser descrito mais ou menos assim: primeiro procuramos todas as hipóteses para a solução do problema. Logo de saída, encontramos o insucesso. Essa experiência costuma ter efeitos colaterais – uma sensação de tristeza, angústia, que beira o desespero. Tudo parece muito confuso. Sentimo-nos derrotados, com aquele gosto amargo de inferioridade. Experimentamos sensações de fúria que vêm misturadas com um intenso desejo de mandar tudo para o inferno, de desistir. (Muitos atendem a esse impulso. Param).

É normal. E, por mais que a afirmação pareça estranha, o ideal é que esse estado interior chegue ao ponto máximo de saturação. Decididamente, isto é o que de melhor pode acontecer nesta fase do trabalho criativo. Sem esse evento, a próxima etapa não encontra espaço para tornar-se realidade. Lembre-se de que a gravidez é a imagem do processo criativo. Ela não chegará ao quarto mês antes que tenha passado pelo terceiro. É a lei da natureza, irrevogável.

Se for para falar em desistência, que ela seja produtiva e inteligente. Desista, sim, de querer encontrar as respostas usando os recursos do consciente. Esse instrumento exerce função intermediária. Logo, não foi projetado para uma tarefa que apenas o subconsciente está habilitado a realizar.

Estamos falando do momento em que deixamos de pensar e de agir em nível consciente. Essa etapa é indispensável, pois se trata da única maneira de permitirmos que o subconsciente realize seu trabalho, uma tarefa ao mesmo tempo essencial e intransferível.

Quando colocamos o consciente para funcionar, é como se puséssemos algo para cozinhar em fogo brando e por muito tempo. Querer que toda a atividade mental aconteça somente sob a responsabilidade do consciente é desperdiçar energia. Ele é ótimo como colecionador de informações, mas não estabelece associações entre elas.

No meio de todo o barulho produzido pela agitação em que se encontra, o subconsciente não consegue mexer uma palha sequer – aí está uma boa razão para que seu mecanismo seja conhecido e respeitado. Esse relaxamento, que chamamos desistência, é a chave que o coloca em funcionamento. Sem ela, nosso operário não pode agir. E, uma vez engessado, todo o processo entra em colapso.

Portanto, não perca de vista o momento de sair do nível consciente e colocar o subconsciente para agir. Deixe que o cérebro trabalhe tão tranquilamente quanto possível. Afinal, ele precisa desse tempo para fermentar todos os dados apreendidos durante a pesquisa de campo e bibliográfica.

Henry David Thoreau, escritor, disse que é apenas quando esquecemos tudo o que aprendemos que começamos a saber. Ótimo, esqueça momentaneamente o assunto. Longe de sofrer uma derrota, você está lançando mão de uma atitude estratégica – recuar para avançar com mais eficiência e melhor pontaria em direção ao alvo.

Distancie-se. Faça algo como uma excursão mental. Imagine um lugar muito gostoso, onde desejaria estar. Pense em imagens bem distantes do ambiente de trabalho – pelo menos do trabalho que está realizando.

Vá para a rua. Folheie revistas. Tome um banho. Faça qualquer coisa que não seja preocupar-se com o problema em questão. Ande. E, enquanto caminha, preste atenção àqueles detalhes despercebidos até o momento. A resposta pode vir do que está escrito na fachada de uma loja, da música que toca no rádio, do pedido que a criança faz para a mãe, da seção de pacotes do supermercado, da cena da novela, de uma página deste livro, ninguém sabe de onde. Só há uma certeza: ela chegará, pronta para colocar-se a serviço.

Depois de ter acumulado muita informação, dê instruções claras para o seu cérebro quanto à hora em que precisará da resposta. Estabeleça um prazo. Se tem dois dias para redigir um texto, ele será feito em dois dias. Mas se, ao contrário, dispuser de apenas duas horas, tenha a certeza de que ele estará lá em duas horas. A prática, e não a teoria, tem confirmado isso. E lembre-se: para pedir algo, você precisa, antes, ter muito claro o que deseja receber. Objetivo com foco. Ou foco no objetivo.

Algumas pessoas funcionam bem sob pressão – este é o meu caso. Se, por exemplo, disponho de 15 dias para escrever um artigo, sabe quando ele será escrito e editado? Exatamente nos últimos dias. Pressionado pelo tempo escasso, meu subconsciente se rende e decide revelar a arquitetura adequada para o trabalho, mantida em segredo por ele até o último prazo. Por conhecer bem a maneira como funciono, consigo perceber o momento em que estou entrando em "trabalho de parto". Então começo a rabiscar coisas, sem compromisso e com todo compromisso do mundo quanto ao resultado a ser atingido – nessas alturas, venho de um longo período de preparação feita por meio de leituras e observação. (E você, como trabalha? Procure descobrir a sua dinâmica e faça um acordo com ela para evitar problemas de saúde.)

Por fim, deixe o processo de incubação concluir o trabalho. Com a mente aberta para novas informações e sensações/*insights,* o universo inteiro se transformará em matéria-prima à sua disposição para a atividade criativa. Quanto ao subconsciente, ele projetará ideias para o consciente no momento certo, o que pode acontecer em qualquer ocasião. Basta que tenha tido oportunidade de produzi-las. Afinal, ele escreve mais do que você imagina. E tudo leva a crer que a solução aparecerá quando mergulhar novamente no seu trabalho. Enquanto dormia, descansava, circulava por outros mundos, sua mente estava bem acordada, produtiva e silenciosa. Tudo de que precisa é vivenciar o processo em toda a sua intensidade e completude, para colher os frutos, que sempre chegam, quando seu consciente, esforçando-se para escrever, mais necessita.

O que importa é que você conheça esse processo e descubra como tirar mais proveito dele, até mesmo fazendo adaptações.

Por fim, convém lembrar que nada é tão rígido e inflexível. Existem diferentes maneiras de lidar com o mesmo recurso. A esse propósito, lembramos que certa vez perguntaram ao escritor John Cheever como ele trabalhava. O objetivo era investigar se ele colocava logo as ideias no papel ou se esperava pelo processo de incubação. Cheever respondeu que fazia as duas coisas e acrescentou que gostava mesmo de ver fatos aparentemente sem nexo se juntarem – associação de ideias. Ilustrando o depoimento, Cheever relatou uma situação em que "estava sentado num café, lendo uma carta da família, que contava que uma dona de casa da vizinhança estava encabeçando um espetáculo nudista". Disse que, "enquanto lia, podia ouvir a voz de uma mulher inglesa repreendendo os filhos. 'Se vocês não fizerem isto ou aquilo até eu contar até três' era o refrão dela". Neste momento, concluiu, "uma folha rodopiou no ar, lembrando-me do inverno e do fato de que minha mulher tinha partido e estava em Roma. Lá estava minha história".

Esteja preparado, com o caderno ao alcance da mão. Sente-se em silêncio e pense. Nunca perca uma oportunidade de pensar. Mesmo vivendo no mundo louco de hoje, em que todos os sons invadem coletivamente o nosso cérebro, não se entregue ao pânico nem à pressa. É bem provável que você não dependa desse trabalho para trazer o pão de cada dia. Se for assim, não há prazo, portanto. Elimine da cabeça todas as generalizações. Não pense de modo abstrato. Apenas relaxe e deixe a mente livre para seguir o seu próprio caminho.

Realidade, no entanto, não pode derrubar a criatividade. Afinal, criar é voar, sondar universos e voltar renovado pelo frescor daquela ideia inesperada. Aqui e ali, desejando a coragem de um gesto de irreverência, existe sempre um novo caminho pedindo para ser revelado, na ânsia de conduzir o viajante para novos horizontes. Aceite o desafio de iniciar a viagem. Diante de cada nova proposta, frente à decisão de criar e redigir um novo texto, pense que, não por acaso, os criativos se mantêm às voltas com a intrigante pergunta "E se?".

"E se ao olhar para a cortina que balança à minha frente, nesta sala, eu tirasse daí a primeira imagem para a primeira frase do meu texto sobre a Educação em países da periferia?" Quantas possibilidades essa imagem casual e corriqueira me oferece?

Cortinas abrem. Cortinas revelam. Cortinas sugerem. Cortinas escondem os que desejam se manter protegidos pela omissão. Cortinas bloqueiam a entrada do sol. Cortinas mostram sem mostrar e escondem sem esconder. Cortinas impedem o olhar de ver além. Cortinas criam uma barreira que impede a visão de quem está do lado de fora. Cortinas...

Talvez, na última frase do seu texto, apareça algo sugerindo que, com ela, você fecha as cortinas da sua reflexão. Um trabalho no qual cada palavra procurou abrir as janelas que apontam para a gravidade do tema da Educação, tão distante e tão próximo. Que espera ter aberto novas perspectivas sobre um assunto que precisa de novos ares. Sempre lembrando que essa renovação será fruto não mais de simples cortinas entreabertas, mas de portas escancaradas, paredes demolidas. Porque somente elas poderão receber o novo e expurgar o que tem cheiro de mofo, trancafiado atrás de grades curriculares que mais aprisionam do que libertam o espírito das novas gerações. Etc. etc.

De onde saiu essa ideia repentina para mim? Inspiração? Nada disso. Tudo de que precisei foi da coragem de usar uma simples cortina, adequadamente e sem qualquer custo, e do sentido de urgência para dar os retoques finais neste livro que tem prazo para voltar à Editora. (Obrigado, cortina da minha sala, pelos bons serviços prestados a esse escriba.)

IMPREVISTO. INCLUA ISSO NO SEU PROJETO

O imprevisto provoca reações surpreendentes, que alteram o sabor do texto. Ele dá ao leitor uma experiência renovada de ler aquilo que não diz o meramente óbvio.

De um jeito ou de outro, o imprevisto é algo que pode ocorrer em pleno processo de criação. Cabe ao escritor decidir, caso a caso, o que fazer com o novo material. Lembro aqui o depoimento de Lêdo Ivo, dando conta do quanto o escritor é, em certo sentido, uma criatura cruel e impiedosa. Durante um enterro, enquanto as pessoas choram a perda sofrida, ele observa a cena como se tudo fosse matéria de literatura. Afinal, ele é um eterno observador. Observa tudo, inclusive o que parece inobservável. Ele olha mais que os outros. Prefere o último banco, porque lhe garante uma visão panorâmica suficiente para não perder nada. Inclusive a visão da mulher que chora discretamente – conclui.

Quando bem aproveitado, o imprevisto pode significar um excelente material para a geração de ideias. Ele funciona como uma fagulha: ajuda o fogo a crescer. Pode nascer da nossa experiência emocional da vida e do mundo. De um detalhe da vida pessoal, talvez. Ou da nossa vida como cidadão e membro de uma sociedade. Afinal, o escritor tem acesso a alguns espaços. Ali ele pode depositar sua palavra e exercer o seu papel de também contribuir para que o mundo fique um pouco mais bonito e gostoso.

Para quem gosta de apanhar ideias no ar, sugeridas por uma palavra escrita apenas para insultar as outras e chamá-las para a conversa, o imprevisto desempenha um papel incrível. Ele alimenta o processo de criar e escrever – o papel em branco ou a tela do computador aguardam o que também para nós pode ser uma surpresa. "Realmente, é quase decifrar um enigma ou quase esperar uma surpresa. Eu não sei que filme vai passar, estou olhando para a tela e não sei qual é o filme programado", sintetizou Fernando Sabino.

A reação ao imprevisto, às vezes, pode se traduzir numa reflexão a respeito do papel do escritor. Enquanto ele escreve, muita coisa lá fora acontece. E então existem duas possibilidades. Na primeira, o escritor se pergunta se diante de fatos decisivos para a história da sua comunidade, exigindo respostas imediatas, urgentes, escrever não é uma atividade que pode ser classificada como apenas "importante", e não essencial. Na segunda, o imprevisto aparece como portador de uma ideia, uma forma de ver, pensar e sentir a realidade, para que a sua sensibilidade a fotografe e transforme em palavras. De um jeito ou de outro, o imprevisto desempenha um papel importante na vida de quem escreve. A cortina da sala, com seu movimento de vai e vem, pode ser algo imprevisto, sugerindo um tema para o próximo trabalho. E, novamente, será sempre uma questão de olhar e ver. As respostas estão por aí, esperando pela pergunta que as revele.

Mas nem todo escritor se deixa afetar pelo imprevisto em seu trabalho criativo. Muitos resistem, assumindo uma postura quase burocrática enquanto pensa e redige. Apoiam-se numa estrutura prévia, que não comporta alterações. Cada um tem o seu jeito na hora de criar e escrever. Democracia é isso.

Autran Dourado era um caso assim. Avesso à ideia de imprevisto, que, segundo dizia, desempenha pouco – o escritor mantinha quase tudo sob controle. Dourado lembrava que a ideia de que o personagem persegue o autor, como na peça *Seis personagens em busca de um autor*, era apenas uma brincadeira do Pirandello. Nada disso acontece de fato, porque o personagem não persegue o autor – o personagem do Pirandello é muito bem estruturado. Romances bem estruturados, argumentava, com uma composição e arquitetura consistentes, não admitem imprevistos. Igualmente, não comunga com Lygia Fagundes Telles, que aclama "o imprevisto, o acaso, a loucura".

INCIDENTE. UMA RESPOSTA DISFARÇADA

Um incidente pode ser visto como algo que incomoda, por nos tirar da segurança de um *script* fechado. Mas pode ser visto, também, como algo que contribui com o nosso trabalho. Ele nos oferece a oportunidade de entrar em contato com outros conteúdos, descongelar a nossa mente e enriquecer o que ainda pode ficar melhor. Um incidente pode ser anotado, incorporado. Isso, no entanto, só depende da nossa disposição de perseguir um alto padrão de qualidade.

Do sentido inicial, "acidente", isto é, "ocorrer, acontecer, cair sobre", "evento, algo que acontece", o significado da palavra mudou para "algo que acontece por acaso".

Incidente é o carro cuja buzina acaba de soar no momento em que escrevemos. Mas pode ser o avião. Ou alguém que nos interrompe com a pergunta sobre o que fazer para o jantar. É tudo o que a nossa criatividade consegue captar para incluir no trabalho em fase de produção e torná-lo ainda melhor. É claro que nada disso acontece para enriquecer o seu trabalho. Mas ninguém disse que você não pode se apropriar desses pequenos acontecimentos e tornar ainda melhor a sua produção literária.

O incidente tem um papel muito importante, como se vê. Ao contrário, o excesso de lucidez significa perigo para o criador, que aos poucos se torna previsível, pronto para morrer. O cotidiano quer encontrar o seu espaço no processo de criação. Tudo de que precisamos é nos permitir essa interferência sempre bem-vinda, que por vezes invade o texto e nos surpreende.

Perguntado sobre quando os incidentes começam a tomar forma, Georges Simenon respondeu que na véspera do primeiro dia ele sabia o que ia acontecer no primeiro capítulo. Daí, dia após dia, capítulo após capítulo, descobria o que vinha em seguida. Depois de iniciado um romance, escrevia um capítulo por dia, sem nunca perder um dia. Como era um esforço violento, segundo ele, comprometia-se a seguir o ritmo do romance. E concluiu afirmando que se, por exemplo, ficava doente durante 48 horas, tinha que jogar fora os capítulos anteriores. E nunca retornava àquele romance.

O incidente tempera, coloca sal para realçar o sabor de uma ideia. Ele é o inesperado que o universo envia para aromatizar o texto em fase de preparação. Não pode ser desperdiçado.

Porém, ele não salta sobre a mesa. O incidente apenas acontece. Sem hora marcada nem local previamente estabelecido. É nossa tarefa manter as antenas funcionando. Captar o fato novo. A buzina que perfura o ar. O choro da criança que acorda. A música que está apenas de passagem. Qualquer coisa. Tudo o que se pode ver, ouvir, sentir e chega de repente. Como fez um diretor de TV enquanto gravava o comercial estrelado por um garoto que, na hora da sua fala, pronunciou o que não estava no *script* – "geladêrra". Esse erro, mantido na versão final como se tivesse sido previsto, contribuiu para atrair a atenção do telespectador, vender mais e, de quebra, trazer prêmios para a agência de propaganda.

Resumindo: olhos e ouvidos atentos, bloco de notas ou qualquer outro recurso por perto e, na mente, a pergunta que identifica os criativos: "Por que não?" Eis o melhor caminho para colocar o universo a serviço da criação.

ESTÍMULO E PRETEXTO

O pretexto quer disfarçar a verdadeira intenção de quem cria e escreve. É um argumento ou uma razão para justificar uma ação ou explicar por que alguma coisa foi feita desta ou daquela maneira. Às vezes, é o que se anuncia como motivo, mas que, na verdade, oculta outra motivação. Ser escritor é viver às voltas com tudo isso. Esconder-se de si mesmo enquanto se revela no texto – perguntado sobre o que pretendia comunicar com seus quadros, um pintor famoso respondeu que apenas pintava, deixando o encontro dessa resposta a serviço dos críticos.

Pretexto é ponto de partida, nascido de um contexto, nem sempre consciente, em busca de um texto que ainda é desconhecido, porque não nasceu – o contexto cria o pretexto que determina o nascimento do texto.

Às vezes, primeiro a gente escreve, depois descobre por quê. Era assim, por exemplo, com o escritor Fernando Sabino. Primeiro o texto, depois o título. Primeiro o último parágrafo, depois o primeiro. Primeiro todo o trabalho, depois a justificativa. Que deliciosa loucura é o ofício sagrado de escrever com liberdade!

Como quase sempre acontece, as soluções criativas que procuramos, quando aparecem, chegam da maneira e nos momentos mais inesperados, às vezes inadequados mesmo. É que, enquanto fazemos as coisas corriqueiras que preenchem nossos dias, o subconsciente continua trabalhando na busca por uma resposta para a nossa pergunta sobre o que e como escrever.

Às vezes, um livro nasce de um pequeno episódio. Mas o estímulo também pode ser encontrado no próprio escritor, em sua vivência diária, mais do que em eventos exteriores.

Do lado de fora, eles podem vir das leituras que fazemos. Não raro, os romances históricos surgem a partir da leitura de livros de história, e os de ficção científica, a partir da leitura de obras científicas. A mitologia foi um campo de inspiração para Rubén Darío, e a leitura dos clássicos da Antiguidade, para Anatole France.

Ganhar dinheiro, é bom que se diga, não é, em definitivo, um dos melhores estímulos para escrever.

Estímulos e pretextos estão à nossa frente e ao nosso redor o tempo todo. Basta ter olhos e sensibilidade para captá-los. Dostoievski, por exemplo, escreveu *Crime e castigo* a partir de uma pequena notícia de jornal, que disparou sua imaginação em cima do fato e o levou a criar uma obra-prima.

Autran Dourado lembra-se de uma ideia súbita: ele ia pelo Largo da Carioca, no Rio de Janeiro, quando lhe veio uma frase que ele tinha lido na *Antígona*, de Sófocles: "Precisamos enterrar os nossos mortos". A partir desta frase nasceu toda a ideia da *Ópera dos mortos*.

Estímulo é matéria-prima abundante. Tudo de que você precisa é estar ligado: um diálogo, uma imagem, uma palavra, uma cor, qualquer coisa pode disparar uma ideia para escrever.

QUEBRE PARADIGMAS. FUJA DE EXEMPLOS E MODELOS DESGASTADOS

Na busca de ideias criativas, aceite os riscos. Lembre-se de que os erros são, na verdade, grandes oportunidades – oportunidades de descobrir caminhos. A pergunta parece óbvia, mas, se não temos muito a perder, o que nos impediria de arriscar uma nova saída? E quanto à desaprovação e ao fracasso? Como enfrentar todos esses temores? Para reduzir esses índices e ganhar confiança, prefira sempre escrever sobre assuntos que sejam do seu interesse, que o preocupam e são conhecidos por você.

Boa parte das grandes descobertas, em diferentes áreas, aconteceram por causa de um erro. Pena que o medo de errar tenha matado tantos talentos. "A coisa mais importante que o Conselho Nacional das Artes pode fazer é dar à mente criadora o direito de falhar. É apenas por meio do fracasso e da experimentação que aprendemos e crescemos", disse o violinista Isaac Stern, quando prestava depoimento a uma comissão da Câmara dos Deputados.

Assim, para encontrar novos caminhos e produzir algo relevante, esteja predisposto a abandonar antigos preceitos, quebrar paradigmas, pensar livremente.

Mesmo quando uma ideia parecer relativamente boa, não se apaixone por ela. A paixão tira a liberdade, impede a visão, aprisiona. Uma vez apaixonado, abandoná-la parece uma tarefa quase impossível. E uma grande ideia, aquela que resolve de fato o problema, pode ser fruto do abandono de muitas ideias que não significavam a garantia de soluções adequadas.

A esse respeito, o escritor Bernard Malamud tem um recado especial. Experiente na arte de caçar ideias, ele recomenda a arte de ensinar a si próprio a trabalhar com a incerteza.

Malamud refere-se à ansiedade que toma conta de muitos escritores quando vão começar ou tentar algo novo. Busca exemplo em Matisse e chama a atenção para o fato de que até mesmo um artista dessa estatura pintou quadros com ansiedade, quando do início do fovismo – movimento de vanguarda do começo do século XX.

Esse problema acabou se revelando solucionador. Tudo indica que isso pode tê-lo ajudado a simplificar o trabalho. Só nos resta perguntar: por que não aprender com quem já entrou para a história como um grande talento, seguindo suas pegadas?

Portanto, "Corra riscos. 'Ouse fazer'", emenda a escritora e roteirista Eudora Welty, ao afirmar que as pessoas arrastam por aí uma sacola de medos. Eles precisam ser descartados, atirados ao vento, se esperam decolar no processo de escrever.

AGORA VOCÊ É O ROTEIRISTA

Minha proposta é que você tome aquele romance ou conto que está lendo e faça aí uma intervenção. Primeiro, considere o fato de que um dos ingredientes mais importantes para potencializar a criatividade é o bom humor. Falando à *Rivista di Filosofia*, em 1954, W. Cerf afirmou que na arte não existem emoções, mas apenas humor – saber brincar com a formulação das perguntas; procurar soluções onde menos se espera que elas estejam. E então deixe a leitura passiva e assuma a condição ativa, fazendo anotações e construindo novos enredos para a história em andamento. Em outras palavras, deixe o caminho já experimentado pelo escritor e saia em busca da segunda resposta certa.

Invente outro enfoque, algo que talvez nem o autor teria imaginado. Dê um novo desenvolvimento para a história, alterando o destino desse ou daquele personagem. Conduza-a para um final que ninguém esperava.

Esse exercício de imaginação é um treino importante e saudável para fortalecer os músculos da criatividade. Com a vantagem de que, ao contrário das academias de ginástica, ninguém precisa pagar nada por isso. Você vai se surpreender com o resultado. Talvez até descubra que faria melhor o papel de autor. Então será a glória.

FALE POR METÁFORAS

"Palavras antigas podem adquirir novos significados. A maneira mais fácil de comprovar esse fato é procurar palavras no vocabulário de uma disciplina ou assunto e tentar aplicá-las a outros. Outro escritor, Louis Kahn, costumava descrever as ruas de uma cidade como 'rios' e os estacionamentos como 'portos'. Com isso, dava a seus alunos uma perspectiva maior da cidade. Usar palavras de um quadro de referência em outro produz uma nova luz e novos significados. É como a chuva lavando o pólen no ar", diz Wurman, já citado há pouco.

Quando bem escolhida, a metáfora leva rapidamente à compreensão dos conceitos mais complexos e abstratos. Basta ver este modo bem-humorado de falar sobre coisas sérias e não raro enfadonhas. Apesar de se tratar de uma brincadeira, a próxima seção leva-nos mais rapidamente à compreensão do poder da metáfora.

SEJA ORIGINAL. REJUVENESÇA ANTIGAS IDEIAS

Viver em absoluta segurança implica sempre um risco: o da monotonia. Olhando por outro lado, observamos que ser original é muito mais divertido.

Os grandes criadores sabem disso e não perdem tempo. Quando menos se espera, lançam mão de uma ideia esquecida no passado, cruzam-na com outra – às vezes muito diferente – e nos aparecem com algo inédito, interessante e adequado. O que conseguem com isso? Provocam nossa admiração, obtêm leitores fiéis para suas ideias. Em outras palavras, fazem sucesso enquanto se divertem. A proposta não parece sedutora?

Se tudo o que dissemos parece abstrato demais, vamos a um exemplo concreto. Embora não se trate de um texto, produz sensações tão agradáveis quanto os bons livros. Estamos nos referindo ao liquidificador. Sua criação não envolveu nada de magia. Tampouco o eletrodoméstico surgiu por geração espontânea. O que o deu à luz foi a atitude de um homem ao permitir-se o envolvimento com o novo e inesperado.

Primeiro, tomou um motor e uma batedeira de bolos. Até aí, nada de novo, por se tratarem de objetos extremamente corriqueiros e previsíveis. O que torna a história admirável e lucrativa é que o inventor olhou para esses dois objetos com olhos diferentes. E arriscou a pergunta: "E se eu juntasse os dois?" Assim, enxergou o que muita gente olhou, mas não foi capaz de ver – talvez por ter suas vistas bloqueadas por antigos paradigmas.

O maior risco trazido por este jogo é não dar certo. Um provável prejuízo: nenhum. A realidade: sucesso por ter-se permitido arriscar. Valeu a pena.

A PRIMEIRA RESPOSTA CERTA NÃO TEM A MENOR GRAÇA

Busque a *segunda* resposta certa. A primeira resposta que nos vem à mente, para uma pergunta, costuma ser previsível, certinha, quadradinha e, o pior, não causa o impacto suficiente para fazer com que o leitor se detenha naquela página.

Diante da pergunta "Qual é a metade de oito?", nossa tendência natural é responder "quatro". Matematicamente correta, a conclusão nada traz de novo. Logo, não chama a atenção nem se destaca na multidão de tantas informações disponíveis por todos os lados. As respostas seriam mais originais se disséssemos coisas como "E", "3", "0", "m", "w" "oi", "to" – o que mais?

Agora vamos ao truque. Ele consiste em primeiro mudar os óculos, aqueles cujas lentes nos desviam do convencional e mostram o que todos viram, mas ninguém enxergou. Depois, em formular a pergunta no plural. Isso sempre cria o ambiente para o surgimento da segunda, terceira, quarta... respostas certas com a maior naturalidade. Qu**ais são a**s metade**s** de oito? – pergunta o criativo.

As respostas estão por toda parte e querem vir à tona. Basta apenas que alguém seja ousado e inteligente para fazer as perguntas certas. Por falar nisso, recomendaríamos a tarefa que vem a seguir. Você aceita o desafio?

Aquecimento. Abra as portas para a nova ideia

Para falar sobre o aquecimento, vamos lançar mão da metáfora.

Há sobre nosso pescoço algo semelhante a um extraordinário computador. Todo o avanço da tecnologia ainda não conseguiu produzir nada parecido com o nosso cérebro. Trata-se de um equipamento de última geração, disposto a render muito mais se for usado com maior frequência e adequação.

Nessa fase do processo criativo, seu "computador" está muito bem abastecido com as mais diferentes informações. Imagine que elas estão empilhadas, em quantidade suficiente para as mais inusitadas experiências. Tudo de que precisamos agora é criar condições favoráveis para que aconteça o cruzamento dos dados acumulados pelo trabalho de pesquisa. É isso o que vai gerar combinações fora do comum e, consequentemente, permitirá que encontremos respostas para o problema que nos atormenta.

Na maioria das vezes, uma grande ideia está escondida naquilo que muita gente pode ter visto, mas não enxergou, isto é, a segunda resposta certa. Ela não pode ficar escondida, precisa ser revelada. Como?

Para facilitar o trabalho de encontrá-la, pegue sua caixa de ferramentas. Encontre lá um instrumento chamado *brainstorming*, também conhecido como "tempestade de ideias". Essa brincadeira séria consiste em pensar com elementos difusos e criar com elementos concretos.

Vamos trabalhar com base no comentário de John Sculley, ex-presidente da Apple Computer, para quem não precisamos inventar nada, porque as coisas já estão lá, apenas esperando para serem descobertas. Tudo de que precisamos é sair e colher o que já existe.

BRAINSTORMING OU "TEMPESTADE DE IDEIAS"

Trata-se da reunião de pessoas envolvidas na busca de solução de um problema. A diferença está no método. A ferramenta é recomendada para situações em que os padrões convencionais de busca revelaram-se ineficientes para encontrar uma resposta adequada. Assim, o trabalho agora tomará outro rumo, bem mais promissor.

Para começar, os criadores emitirão o máximo de opiniões sobre o tema em pauta e se aventurarão por estradas até então impensáveis, apontadas por uma mente livre de qualquer juízo prévio, fazendo associações inusitadas. A expectativa é de que a resposta apareça como resultado desse exercício, e ela sempre vem.

O *brainstorming* nada tem de ortodoxo. Tomado fora de contexto, pode parecer coisa de gente que sabe pouco a respeito do que é trabalho sério. Mas poucas brincadeiras são levadas tão a sério ou, ainda, quase nada é tão sério quanto essa aparente diversão.

Algumas regras são imprescindíveis para o bom andamento do *brainstorming*. A primeira, fundamental e indispensável, é: quantidade gera qualidade. Assim, para que o processo não seja truncado, convém não colocar o juiz ao lado do artista – o primeiro inibiria o segundo. E isso seria a morte.

Livres da pressão do juiz, ficamos mais à vontade para dizer que, no *brainstorming*, todas as ideias são válidas, merecem ser anotadas.

Mesmo aquelas que parecem mais improváveis e absurdas – improvável, absurdo, novo, inesperado, diferente, transformador... Como no *slogan* criado por Fernando Pessoa para a Coca-Cola, "Primeiro estranhas, depois entranhas". É só uma questão de tempo e de olho para se dar conta de que a proposta absurda pode trazer consigo a resposta inteligente. No entanto, se agimos apressadamente ou intensificamos o natural teor de censura, jogamos fora o que não se encaixa em nosso imediatismo crônico. Mais uma vez, isso será a morte.

Repetindo, a fim de não comprometer a produtividade, afugente o medo e o julgamento prévio, que inibe e às vezes até mata. Mais do que isso, não tenha receio de cometer erros. Ao contrário, estimule e encoraje a combinação e o aprimoramento de ideias, inclusive as que parecem estúpidas. É pouco provável que uma grande ideia sobreviva às ameaças da autocensura, uma das piores armas de destruição. Para se imunizar desses efeitos malignos, relaxe e comece a brincar literalmente com as informações obtidas durante a sessão de *brainstorming*. O resultado vai surpreender.

Experimente pegar uma palavra ao acaso e pensar nas coisas mais absurdas associadas a ela. Force conexões inesperadas. Relacione suas ideias. Envolva-se nesse trabalho de fecundação e desfrute da beleza do que virá pela frente se você se dispuser a cuidar, eliminar os resquícios trazidos do útero na hora do parto. É assim quando se dá à luz uma ideia.

Retomando: para induzir o parto, isole o assunto sobre o qual deseja refletir. Depois faça uma bateria de perguntas a cada etapa do trabalho ou tema: o quê? – quem? – como? – quando? – onde? – por quê? – usar de maneira nova? – adaptar? – ampliar? – adicionar? – multiplicar? – reduzir? – diminuir? – dividir? – eliminar? – substituir? – rearranjar? – inverter? – combinar? – deixar como está? E, talvez, as duas mais importantes e decisivas: e se? – por que não? Por fim, experimente associar duas perguntas. Algo como "O que dividir?". E então veja quantas ideias novas aparecerão.

Depois de Alex Osborn, autor do já citado *O poder criador da mente*, outro gênio ensinou-nos um caminho mais curto. Estou falando do cineasta Ingmar Bergman, que disse: "Eu tomo todas as minhas decisões baseado em minha intuição. Eu jogo um dardo na escuridão – isso é intuição. Depois, mando um exército recuperar o dardo – isso é intelecto".

Simples e direto, para quem prestar atenção, o roteiro vale por um curso de criatividade. Em meu trabalho, como facilitador, tenho visto pessoas comuns obterem excelentes resultados criativos com a técnica sugerida por Bergman.

Infelizmente nossa cultura nos ensinou e nos faz cultivar um pensamento altamente destrutivo para a criatividade. Fomos acostumados com a ideia de que, se algo é simples, não merece respeito.

Talvez o comportamento seja fruto de uma formação religiosa distorcida. Aprendemos que só o que é obtido pelo caminho do sofrimento pode ter algum valor. Para comprovar a suspeita, entre numa igreja e observe o comportamento das pessoas. Veja como as imagens alusivas a Jesus crucificado, com uma coroa cujos espinhos atingem a alma, conquistam muito mais atenção do que as de Jesus ressuscitado e glorioso. Que grande contradição!

Esse paradigma é vesgo, padece de miopia crônica e tem sido o principal motivo para que uma lição como essa deixada pelo cineasta passe despercebida. Logo, precisa ser corrigido.

Para avaliar o potencial contido nas palavras, vamos imaginar uma situação como se ela fosse real. Pensemos numa pessoa que tem como tarefa escrever um artigo ou coisa parecida, sem um tema predefinido.

Nosso personagem está tomando o café da manhã. Enquanto se alimenta, pensa e preocupa-se com o trabalho a ser desenvolvido. Seu maior problema é a falta de ideias. Ele não sabe por onde começar um texto que não pode esperar. Deixar por conta da inspiração? Nem pensar! Afinal, ele é um escritor, não um aventureiro qualquer.

Apesar da aridez, ele sabe que seus olhos estão equipados com as lentes da criatividade. Por acaso, vê passeando sobre a mesa uma formiga. Com esforço, ela tenta carregar uma casquinha de pão. A carga é maior do que pode transportar. Mas o inseto não desiste. Cai, levanta-se, tenta colocar-se novamente a caminho. Repete a operação tantas vezes quantas forem necessárias. O importante é abastecer o formigueiro.

O fato é corriqueiro, menos para o nosso personagem, acostumado ao jogo da criatividade. Ele observa tudo de longe, entre um gole de leite e uma mordida no pão, e começa a refletir sobre o problema do alimento no mundo. O enfoque ainda é abrangente e vago, mas representa uma pista, um ponto de partida, o necessário para começar.

Passa-lhe pela cabeça o extremo esforço despendido pelo responsável pela alimentação da família. Vê na formiga a imagem do trabalhador, assumindo tarefas geralmente acima de suas possibilidades.

Ao mesmo tempo, lhe vem à mente o problema do transporte de alimentos. Lembra-se de como não existem meios suficientes para deslocar tudo o que se produz, e que na sua estante se encontra uma reportagem sobre produtores capazes de incendiar toneladas de alimentos, ainda que tendo a consciência de que milhares de pessoas, no mesmo país, comem o que somente os porcos aceitam como refeição.

Amplia o problema e chega à área internacional. Envolve-se com a imagem de países superabastecidos por tecnologia, mas sem alimentos, e vice-versa, ambos sem possibilidades de mudar o cenário. E continua a reflexão, ensaiando possíveis soluções.

Pensa nisso, imagina mais alguma coisa e, quando se dá conta, já tem na cabeça o projeto suficiente para produzir não um artigo, mas um livro. Basta apenas organizar as ideias e levá-las para o papel. É fácil quando afastamos o juiz repressor, liberamos o artista vacinado contra a autocensura e nos permitimos criar, não?

Apenas como exercício, num texto sem maiores pretensões, fiz a mesma experiência do nosso personagem, deixando a cabeça percorrer outros caminhos. O inseto que serviu como tema foi o mesmo do exemplo. E ela foi reveladora.

Sobre formigas e moscas

A formiga vagueava, meio sem rumo, sobre a mesa. Não creio que se importasse pouco com a ideia de encontrar um caminho, um destino, que não fosse a morte. Ela, certamente, desejava viver mais, realizar a missão que havia recebido desde o seu nascimento. Porque estou certo de que até mesmo uma formiga, do alto do seu tamanho microscópico e da ausência completa de livre arbítrio, sente que tem algo a realizar. Esta não realizou. Teve sua trajetória massacrada, assim como massacrados são tantos projetos no mundo dos viventes.

Dito isso, lembro que não tenho por que assumir a autoria desse crime – tem coisas que a gente não sai alardeando, nem mesmo em papel de rascunho, apenas cumpre a tarefa de testemunha ocular e narra os fatos a quem interessar possa.

Afinal, tenho um nome e uma reputação a zelar, e devo, ao menos, sugerir que a minha é ilibada, nunca usei caixa 2, nem fiz mal a uma mosca sequer.

Também me diverti com outra experiência: ao abrir uma velha enciclopédia numa página qualquer e ler o que estava escrito – "roupa velha" era o título do verbete – comecei a jogar com as palavras. Deixei a mão dançar sobre o papel, regida pelas ideias, que, por estarem soltas, faziam o seu trabalho. É apenas um exemplo, ilustrativo do caminho por onde se pode iniciar uma jornada – um artigo ou um livro, talvez.

E por falar em roupa...

Tenho em meu armário um número considerável de roupas amaciadas pelo tempo. São peças que acolhem muito bem o corpo em posição de "descansar". Ou quando o trabalho profissional será desenvolvido em casa, como é de costume depois da chegada do conceito de *home office*, usado por profissionais independentes.

A ideia de executar no próprio domicílio o que seria feito no escritório, depois de uma longa viagem através do trânsito enlouquecedor da maior cidade da América do Sul, é realmente mais confortável. É econômica. Ecológica. Sensata. Uma prática saudável, que bem poderia ser acessível a todos.

Para repor as energias, um bom prato de "roupa velha", iguaria *Made in* Minas Gerais, e com presença marcante em São Paulo, sim senhor. A receita estava escondida numa página qualquer da minha antiga enciclopédia *Delta Larousse*. Eu a encontrei por acaso, num dos meus passeios noturnos e de insônia em busca de ideias. Eureca!

Feito com sobras de carne seca ou similar, desfiada, refogada com cebola e temperos verdes, ele é servido com farinha de mandioca. E não deixa dúvidas quanto ao fato de que entrega o que promete:

alimenta e dá prazer. Mais ainda nesses dias em que o sol já dá sinal de que vai sair em férias.

Roupa usada e macia. "Roupa velha". Uma dupla que dá conforto à alma e revigora o corpo.

Com licença, chegou a hora da minha sesta. Volto já, uai.

Uma enciclopédia pode nascer de uma palavra. Portanto, pegue uma palavra qualquer. Solte a criatividade e deixe acontecer. Por exemplo, é possível que a expressão "abaixar" sugira a hipótese de mover para baixo uma informação que inicialmente fora colocada no início do projeto, o que é uma grande ajuda, sobretudo quando está na fase de edição do texto.

E a palavra "acertar", a segunda escolhida para esse jogo? Talvez ela o conduza à possibilidade de convidar uma pessoa isenta para ler o texto. Isso lhe permitirá fazer com mais segurança os acertos necessários à qualidade do trabalho.

Para um empresário, o termo "acelerar" pode servir de *start* quanto aos lucros que obteria "acelerando" a entrega de mercadorias aos seus clientes e transformando isso num diferencial competitivo. Para um redator, o mesmo termo revelaria coisas bem diversas e não menos úteis, até na hora de comunicar a decisão hipotética do empresário que se pretende mais rápido que a concorrência.

Agora divirta-se com as milhares de palavras do dicionário. Elas são um campo fértil e infindável de possibilidades à sua disposição.

INSPIRAÇÃO? NÃO CONTE COM ELA

Falando à revista húngara *Múzsák,* o compositor Stravinsky mostrou-se convicto de que inspiração sem esforço é nada. Ele lembra que um leigo pensaria que, para criar, é preciso aguardar a inspiração. Para o compositor, no entanto, isso é um erro. Ele não nega a importância da inspiração, ao contrário, considera-a uma força motriz que encontra em toda atividade humana e que, portanto, não é apenas um monopólio dos artistas. Porém, essa força, conclui, só desabrocha quando algum esforço a põe em movimento. E esse esforço é o trabalho.

Para escrever com criatividade, é preciso um intenso investimento no desenvolvimento da técnica, por meio do trabalho duro, que inclui pesquisar e escrever. Escrever muito. Reescrever muito mais. E tudo isso exige disciplina. Porque escrever é, antes de tudo, um ofício, que não pode depender da inspiração para ser realizado. Senão, tente imaginar um colunista, vinculado a uma mídia por um contrato de trabalho, informando-a de que nesta semana não entregará seu texto, porque ficou sem inspiração para criá-lo. A propósito disso, o escritor Luis Fernando Verissimo, colunista consagrado, afirma: "Minha musa inspiradora é meu prazo de entrega".

Entre os profissionais da escrita que levam o trabalho a sério, a idolatria da inspiração tem sido exorcizada. Em vez de ficar esperando por ela, o escritor William Faulkner não economizava palavras para deixar claro que seguia na contramão do que costuma ser uma característica de principiantes. De principiantes, ele disse.

Menos tolerante que Stravinsky, Faulkner insistia, acima de qualquer coisa, no valor da experiência, da observação e da imaginação. Chegava mesmo a ficar indignado com essa conversa mole e afirmava nada saber a respeito de inspiração: já tinha ouvido falar sobre ela, mas nunca a tinha visto – asseverou.

Mas Faulkner não é o único membro dessa galeria que abomina tais crendices e tem certeza de que só o trabalho árduo produz resultados. Colocando a inspiração em seu devido lugar, o autor Somerset Maugham nos adverte para o fato de que nenhum escritor profissional pode dar-se ao luxo de escrever só quando tem vontade. Segundo ele, esperar até estar disposto, até estar inspirado, é sinônimo de esperar indefinidamente. Maugham lembrava que o escritor profissional cria a disposição. Claro que também tem sua inspiração, mas controla-a e domina-a. Define horas regulares de trabalho.

O pensamento de Isaac Bashevis Singer segue a mesma direção. Seu profundo interesse por rituais e superstições era visível. Nem por isso deixava de protestar contra o costume de mistificar a inspiração. Dizia acreditar, sim, em milagres em todas as áreas da vida. Menos na literatura, onde tinha certeza de que a única saída é o trabalho duro. E completava, irônico: "Não é possível escrever uma boa história carregando um pé de coelho no bolso". Um bloco de notas produz melhor resultado.

Por fim, Jean Cocteau reage de maneira mais vigorosa e contundente, arriscando um trocadilho com jeito de deboche. Recusando-se a se estender a respeito do tema, sua resposta é taxativa: "Não é inspiração; é expiração".

Portanto, quem deseja ser criativo não deve mistificar a inspiração. Explica-se a advertência e o cuidado de que devemos nos cercar a esse respeito. A inspiração é apenas um meio. No entanto, alguns a tratam como um fim em si mesmo, a ponto de ser pintada por indisciplinados como um momento mágico em que anjos dourados transmitem ideias brilhantes a quem fechar os olhos e ficar mergulhado na inércia. Por conta da absolutização de um instrumento relativo como esse, muitos são os que obtêm nada como resultado na hora de criar e escrever.

Condicionar o ato de criar à chegada gratuita da inspiração é produzir um bloqueio mental que em geral compromete o trabalho, paralisando-o. Ao entrar por esse caminho, passamos a considerar que nenhuma ideia parecerá boa o suficiente para ser escrita. Afinal, estaremos esperando por algo que nos chegue por meio de uma experiência mística, e só reconheceremos como válido o que vier dentro dessa embalagem... que não vem.

Olhe o perigo desse comportamento: esperamos que a primeira solução encontrada, fruto da suposta inspiração, resolva muito bem o problema. Resultado: como o bom é inimigo do ótimo, fica-se exatamente com nenhum dos dois.

Criatividade, como se vê, não significa inspiração nem é algo intuitivo ou inato. Ao contrário, pode ser ensinada e aprendida, o que é motivo de autêntica alegria, embora isso coloque em nossas mãos a responsabilidade direta pela qualidade final do nosso trabalho (não, ela não é dos anjos).

Assim, desde que esteja disposto a se esforçar o suficiente para chegar lá, ninguém passará o resto da vida considerando-se incapaz de obter qualquer resultado nesta área. É só predispor-se a aprender algumas técnicas e acreditar que pode ir muito longe na carreira de inovador. Treinar, treinar, treinar, treinar e treinar. Quando, enfim, considerar que já fez o bastante, treinar mais um pouco – essa empreitada só termina com a morte. E é preciso estar muito inspirado para comprar essa briga.

Bem, se não é na inspiração que está a nossa segurança, vamos buscá-la nas técnicas. Esse recurso nada tem de místico, com a vantagem de ser infinitamente mais eficaz.

A primeira técnica, simples, é ler textos criados por profissionais que atuam no mesmo ramo que você ou escolheram um gênero literário idêntico ao seu: propaganda, crônica, ensaio etc. Vamos imaginar alguém que precise escrever um anúncio de varejo. Um bom começo seria a leitura do maior número de anúncios varejistas publicados em jornais. Isso o levaria a assimilar o jeitão pouco discreto dessas peças de comunicação. Suponhamos que essa pessoa tenha a tarefa de redigir um anúncio classificado. O caminho é o mesmo: adotar como referência a inspiração dos outros; isto é, ler uma série de anúncios classificados e aprender a linguagem telegráfica que eles usam como ninguém.

Como se pode ver, além de simples, a regra é democrática e vale para todos os casos. Isso nos estimula a dar uma sugestão prática: colecione os textos que já provaram dar resultados. Leia-os quantas vezes puder. Depois, transcreva-os até parecer que foram escritos por você. Pegue o que existe de melhor em cada um, acrescente sua personalidade e estilo e produza algo ainda superior. De quebra, fique com a autogratificação, sempre bem-vinda, de ter melhorado algo que já estava bom.

VOCÊ PODE DAR UMA FORCINHA EXTRA

Mas o trabalho de escrever pode revelar surpresas nem sempre agradáveis. Não é incomum que o momento de tornar uma ideia concreta por meio das palavras se transforme em uma situação de paralisia – ainda hoje se fala em "dar branco". O que fazer quando aparece um problema dessa natureza?

Até aqui nossa conversa girou em torno da experiência de muitos escritores. Investigamos os truques de que se utilizam para facilitar a tarefa de escrever. Com eles, aprendemos técnicas e até a técnica de não aderir a nenhuma técnica.

Agora chegou a sua vez. Veja mais estes exemplos. Você se identifica com algum deles? Descubra as circunstâncias que mais estimulam a geração de ideias, de acordo com cada pessoa:

- Beethoven fazia longas caminhadas, anotando enquanto andava.
- Brahms tinha suas melhores ideias de manhã, enquanto engraxava as botinas.
- David Ogilvy fazia longas caminhadas.
- Einstein tocava violino ou lia Dostoievski.
- Gandhi costumava tecer.
- Hemingway apontava lápis.
- Proust só trabalhava em absoluto silêncio, num quarto forrado de cortiça.
- Tom MacEllington folheava o catálogo do *Image Bank*.
- Thomas Wolfe andava pelas ruas do Brooklyn à noite.
- Willa Cather lia uma passagem da Bíblia, sem objetivo religioso.

Falando em matéria publicada na revista *Você S.A.*, Manoel Carlos, roteirista de novelas da Rede Globo de Televisão, menciona algumas práticas que nunca abandona: caminhar até a agência bancária, enfrentar a fila do frango numa padaria das vizinhanças, comprar jornais na banca, apenas para citar alguns exemplos. Faz isso durante as chamadas "pausas criativas". E quanto a você? O que faz para estimular a criatividade e liberar seu artista interior?

O escritor Christopher Isherwood já viveu a experiência de sentir que continuar na redação de um livro transformou-se numa dificuldade sem hora para desaparecer. Mas ele também conhece muito a arte de se desembaraçar quando isso acontece. Sua receita é simples: "Paciência. Persistência. Deixar de lado e depois voltar. Nunca me permitir ficar nervoso".

O romancista conta que repete para si mesmo que não há prazo; e que a obra estará terminada quando estiver terminada, simplesmente. Acrescenta que às vezes consegue tirar uma ideia proveitosa do subconsciente deixando-o irritado.

Numa atitude provocativa, fica escrevendo bobagens de propósito, até que o subconsciente resolva intervir, como se estivesse dizendo: "Tudo bem, seu idiota, deixe-me arrumar isso", conclui.

Confirmando a ideia de que nesta profissão não existem verdades absolutas, Gore Vidal vai na direção contrária. Ele garantia nunca ter tido um bloqueio como escritor. Antes de começar a colocar as ideias no papel, tomava um café. "Aí a musa vem a meu encontro.", dizia.

Não apontava lápis nem nada parecido. Mas quase sempre lia durante uma ou duas horas. Vidal disse que fazia isso para limpar a mente. Relutava em começar a trabalhar e adotava o mesmo comportamento quando chegava a hora de parar. Considerava que o mais interessante na tarefa de escrever era observar como o ato apaga o tempo. Para o escritor, nessas situações, era como se três horas parecessem três minutos. E havia ainda, segundo ele, o elemento surpresa. A frase que soa na mente muda quando aparece na página. Então Vidal começava a cutucá-la com a caneta, descobrindo novos significados. Às vezes caía na gargalhada ao ver o que acontecia enquanto torcia e alterava as sentenças. "Negócio curioso, considerando tudo. Nunca se chega ao fim. É por isso que continuo, suponho. Para ver o que serão as próximas sentenças que eu escreverei."

Essa experiência guarda semelhança com aquela narrada certa vez pelo escritor Fernando Sabino. O autor de *O grande mentecapto* e *O encontro marcado,* dentre outros, afirmou que às vezes começava a escrever como principiante – não sabia o que ia dizer. Então escrevia a primeira palavra, a segunda e a próxima, até o texto ficar pronto para, finalmente, saber sobre o que ia escrever.

Nem todos agem de maneira semelhante. A individualidade tem um peso que não pode ser ignorado. Escrever é uma atitude solitária, personalíssima. Cada um tem seu jeito.

Há escritores que seguem verdadeiros rituais para iniciar a sagrada liturgia da criação. Henry Miller costumava começar a trabalhar logo após o café da manhã. Sentava-se imediatamente diante da máquina. Se via que não conseguia escrever, desistia, simplesmente. E que não se esperasse mais do que isso porque, segundo fazia questão de evidenciar, não há nenhuma etapa preparatória ou coisa parecida.

Miller acreditava que existe um treinamento especial que o escritor pode buscar. Mas perguntava, desolado, "quem o procura?" Afirmava que de um jeito ou de outro, querendo ou não, todo artista se prepara de alguma forma.

Sem mencionar a palavra *incubação*, contava que a maior parte de tudo o que é escrito acontece primeiro longe da máquina de escrever e da escrivaninha. Estava convencido de que uma obra começa a se escrever nos momentos calmos e silenciosos, quando está caminhando, fazendo a barba ou jogando uma partida ou seja o que for. Ou até mesmo conversando com alguém por quem não se alimenta nenhum interesse vital. Enquanto estamos trabalhando, a mente está trabalhando o problema que está em nosso íntimo, acrescenta. "Assim, quando vamos para a máquina de escrever, é apenas uma questão de transferência", conclui.

COSTURA DE IDEIAS E CONCEITOS. DO CAÓTICO À ORDEM

O que você vai ver agora é uma das ferramentas que podem ampliar a eficiência do *brainstorming*. A técnica é interessante e consiste em relacionar, uma embaixo da outra, as palavras-chave que compõem o problema. Depois "costura-se" cada palavra, formando frases aleatórias. Assim:

HOMEM

ÁRVORE

LOBO

ÁGUA

"O homem passa embaixo da árvore quando vê um lobo que bebe água tranquilamente. Nesse instante..." é uma abordagem possível. Mas outra poderia ser "O lobo estava tranquilamente bebendo água quando viu um homem que passava embaixo da árvore e...". Ou "O lobo estava embaixo da árvore quando viu o homem que passava em busca de água para beber. Foi quando...".

Essa é apenas uma forma de associação de ideias pelo método da costura. Mas podemos descobrir outras utilidades para ela. Basta olharmos para os problemas que povoam a área de atividade em que nos encontramos. Não importam as circunstâncias e, desde que assim o permitamos, em todos os casos a "costura de ideias" revelará o surpreendente.

Aproveite esse clima de experiência e trabalhe com algum problema real, aquele que deve ser resolvido "até ontem".

Por meio da "costura de ideias", palavras desconexas ganham novos sentidos, desenham situações inesperadas e trazem respostas.

Eureca! Iluminação. Surpreenda-se

O grande momento, o encontro esperado aconteceu. Isso explica por que esse momento é comparado ao impacto causado por uma lâmpada que se acende.

Ideia: luz que aparece tornando claro o que antes era apenas uma pergunta e dá a um escritor do porte de Victor Hugo a segurança para afirmar que "há uma coisa mais forte do que todos os exércitos do mundo, e isso é uma ideia cujo tempo chegou". O momento é de encantamento e de celebração.

Como nasce uma ideia? Às vezes elas aparecem como lugares-comuns. Umberto Eco teve a ideia do livro *O nome da rosa* ao saber da notícia de um monge que foi assassinado numa biblioteca. Simples assim.

Por que alimentar o medo de ter ideias, se elas são uma das coisas mais maravilhosas do mundo? E se fracassar? Normal. Afinal de contas, você aprende muito mais com isso, o que é ótimo. Não, eu não estou sugerindo que tudo na sua vida deve ser fracasso. Apenas propondo que não perca de vista o quanto se pode aprender quando o inevitável acontece. A semente que parece morrer sob a terra é vitoriosa na sua possibilidade de se transformar em árvore que dá flores, frutos e sombra. Em alguns casos, você precisará viver a experiência desse processo que antecede o resultado feliz.

Como viemos dizendo, há métodos sobre onde buscar as ideias de que precisamos para escrever. Quem nos oferece mais uma grande contribuição nessa etapa da caminhada é o roteirista Doc Comparato, que escreveu o clássico *Roteiro: arte e técnica de escrever para cinema e televisão*. Segundo ele, "Existem seis campos onde provavelmente encontraremos uma ideia, a saber: Ideia selecionada – Ideia verbalizada – Ideia lida *(for free)* – Ideia transformada – Ideia solicitada – Ideia pesquisada".

Ora, se as ideias são como aves camufladas entre as folhas do problema, alguns momentos são mais propícios para encontrá-las. Por exemplo:

- folheando jornais e revistas;
- viajando;
- passeando pelas redes sociais;
- dentro da própria correspondência;
- visitando lojas;
- olhando de novos ângulos o trabalho que realiza diariamente;
- fazendo o mesmo com outros textos publicados por diferentes autores;
- conversando com o público-alvo;
- recuperando antigas ideias ou ideias emprestadas;
- levando o cão para passear;
- enquanto realiza um trabalho manual;
- ouvindo uma pregação na igreja;
- acordando no meio da noite;
- fazendo algum exercício;
- lendo sem compromisso;
- durante uma reunião chata;
- antes de adormecer ou de se levantar da cama;
- indo e voltando do trabalho;
- tomando banho, fazendo a barba ou depilando-se;
- sentado no banheiro.

Portanto, não espere que as ideias apareçam assim, do nada. Dê sua parcela de contribuição, faça alguma coisa em favor desse parto que deseja trazer algo novo à luz. Comece remexendo sua experiência pessoal. Vasculhe bem e veja quanta coisa pode encontrar. Depois organize tudo.

A receita vem provando seu potencial, até nas mãos de profissionais já consagrados. Veja esta experiência de Roberto Menna Barreto, publicitário e autor de vários livros sobre o assunto, dentre eles *Criatividade em propaganda,* do qual extraímos este trecho:

> Uma vez, numa feira do Nordeste, encontrei uma porção dessas lamparinas a óleo (fifós) feitas de lata velha e comprei uma. Outra vez, chamou-me a atenção uma edição de *Newsweek* com a reportagem de capa sobre o Brasil e guardei um exemplar. Achei curioso essas garrafas de cachaça "amassadas", em forma de um bêbado, ainda que de péssimo gosto. Mas também fiquei com uma delas. Ei-las aí.
>
> Não vou fazer mistério. Desde o primeiro olhar reconheci a potencialidade que cada um desses objetos representava como "argumento" de venda, como solução de persuasão para problemas específicos de clientes meus.
>
> No primeiro caso, o anúncio (institucional) argumentava que a lata vazia, mero lixo nas grandes capitais, transforma-se em preciosa utilidade no Nordeste: candeia para os lares sem energia elétrica... E continuava: "O que é resto de um prazer efêmero do carioca, do paulista – lata de cerveja, de conserva, de óleo – converte-se, por força da habilidade e de cruéis necessidades (ambas abundantes no Nordeste), em utensílios e instrumentos de trabalho de tantos outros brasileiros como cariocas e paulistas – como você."

Não é preciso reproduzir todo o texto de Menna Barreto. O que lemos é suficiente para provar que mesmo um objeto inútil pode ganhar importância e utilidade quando olhado com olhos criativos. Olhos dotados do poder criador, capaz de organizar em cosmos o que antes era pouco mais que o caos. Olhos que estão presos ao rosto de pessoas comuns, como você e outros milhares, à espera da decisão de enxergar de maneira diferente o velho mundo de todos os dias.

De posse da maior variedade de informações, escreva usando toda a força da mente e do coração. Eles devem ser lançados numa grande viagem pelo desconhecido, sair em busca do *inesperado*.

Elaboração. A ideia toma corpo

Recém-nascida, a resposta precisa tomar corpo, concretizar-se num nível de detalhes mais elaborado. Afinal, a melhor ideia, quando não realizada, não é mais que um sonho. É por isso que um grande projeto só ganha importância quando sai de nossa mente e vai para o papel ou, em outros casos, quando se transforma em obra – viaduto, hospital, escola etc. –, mas isso já é outra história.

A ideia foi encontrada, está aí, como matéria bruta. Agora ela precisa ser lapidada, ganhar forma. Para ser consumida e proporcionar os resultados a que se propõe, deve adequar-se a uma linguagem que seja entendida pelas pessoas às quais se dirige. Isso significa escrever efetivamente, fazer a elaboração final daquele pensamento.

Voltemos ao tema do *esforço* e da *disciplina* – é preciso trabalhar duro se desejamos um resultado consistente construído a partir da ideia encontrada. Para isso, vamos conversar com escritores experientes para saber como lidavam com essas palavrinhas capazes de causar arrepios até em blocos de mármore.

O primeiro a ser ouvido é William Faulkner. Segundo ele, o escritor não deve ter piedade, tendo olhos apenas para sua arte. Se for um bom escritor, declara, não terá benevolência, jamais permitirá que algo o desvie do seu foco: criar e escrever. Faulkner acrescenta que o escritor tem um sonho. E isso o angustia de tal forma que a única coisa que deseja é livrar-se dele. Enquanto não faz isso, não sabe o que é ter paz. Tudo o mais fica em segundo plano: "honra, orgulho, decência, segurança, felicidade, tudo, para que o livro seja escrito. Se um escritor tiver de roubar sua mãe, não hesitará", conclui. O período de elaboração tem apelos e exigências.

Outro conselho, aparentemente impopular, é de Albert Collingnon. Em *A religião das letras,* ele assume uma postura que, pelo inesperado, pode causar repulsa:

> Quem pretende escrever deve ser avaro de seu tempo. Se o desperdiça em visitas e cortesias, nas amáveis frivolidades da vida social, tornar-se-á um homem do mundo e não um escritor. Quando alguém tem a ambição difícil de produzir um bom livro, deve resignar-se a ser tido por urso, a fugir das festas, a evitar as reuniões noturnas, os banquetes demorados e tudo o mais.

Embora menos radicais, vale a pena ler os próximos depoimentos.

Marianne Moore, considerada por alguns a mulher mais importante da literatura norte-americana moderna, adverte para o fato de que um escritor é injusto consigo mesmo quando não consegue ser rigoroso com seu trabalho.

Parece que há um consenso em relação ao caminho que leva à produção de textos definitivos. Veja o que pensava Ernest Hemingway, prêmio Nobel de Literatura, sobre o que seria o melhor treino intelectual para o aspirante a escritor:

> Digamos que ele estivesse pensando em sair e se enforcar, porque chegou à conclusão de que escrever bem é tremendamente difícil. Neste caso, deveria cortar a corda sem piedade, de forma a se ver obrigado por seu próprio eu a escrever o melhor possível pelo resto da vida. Pelo menos teria a história do enforcamento para começar.

Concluindo esta etapa de nossa visita à galeria dos grandes escritores para aprender com eles a arte do texto, lembramos Gabriel García Márquez, para quem escrever era muito difícil, ao mesmo tempo que entendia como um privilégio fazer um trabalho para satisfação própria.

Márquez considera-se excessivamente rigoroso consigo mesmo e com os outros. Não consegue tolerar erros. Defende a ideia de que privilégio mesmo é fazer qualquer coisa com perfeição. Critica os escritores que alimentam a arte da megalomania e se consideram o centro do universo e a consciência da sociedade.

O que o autor de *Cem anos de solidão* mais admira é algo bemfeito. "Sempre fico muito contente em saber, quando estou viajando, que os pilotos são melhores pilotos do que sou escritor", compara.

Verificação. Teste a resistência da sua nova ideia

Este é o melhor momento para julgar uma ideia. Chame, pois, o juiz, que agora, e somente agora, deve entrar em ação.

Será que ela realmente funciona? Está adequada? Presta-se a resolver o problema sugerido? Se o veredicto for positivo, o trabalho está em condições de seguir adiante.

Nesta fase, a ideia é colocada numa pista de prova. O que desejamos é tratá-la com o mesmo padrão de exigência que serve de parâmetro para testar um carro cujo primeiro exemplar acaba de ser montado.

Talvez tenhamos escrito dois textos diferentes ou vários títulos para o mesmo texto. Sobre qual recairá a escolha? Nem sempre é fácil tomar essa decisão, mas este é o momento em que alguém deverá decidir.

O que conta é verificar a consistência da mensagem e a capacidade de transmitir aquilo a que se propõe,

- ao público certo;
- da maneira certa;
- no momento certo;
- no lugar certo;
- pelo motivo certo;
- falando com precisão sobre o tema proposto.

Para obter o resultado mais seguro, aplique o teste de adequação. Tire algumas cópias do que escreveu e distribua-as entre pessoas representativas de seu público-alvo. Certamente elas poderão ajudá-lo, assinalando suas preferências.

Além de honesto, seja exigente consigo mesmo. Escolha críticos de verdade, não amigos incapazes de emitir uma crítica. Ouça os comentários como aprendiz, aproveitando cada palavra como uma nova oportunidade de aprimoramento e descobrindo como não fazer.

Recomenda-se que do processo de verificação participem dois tipos de pessoas: as que estão familiarizadas com o assunto e as que não mantêm nenhuma ligação com ele. Cerque-se de gente que vive o problema, mas não deixe de lado as que nada têm a ver com o assunto em questão. Quem sabe esta não será sua chance de ampliar o leque de envolvidos que se enquadram em seu grupo de interesse?

Cheque a validade da ideia. Comprove-a. Não se contente com pouco. Seja exaustivo, verifique todos os dados e possibilidades.

A partir das impressões que obtiver e das conclusões a que chegar, pense na possibilidade de retrabalhar as ideias, questionando, desafiando, testando novamente e acompanhando-as até o fim.

Uma vez tendo encontrado a solução criativa, é preciso aplicá-la – ninguém recebe o Prêmio Nobel por ter uma ideia nova, mas sim por testá-la e provar que ela funciona. Caso contrário, comece tudo de novo. Retome a tarefa de identificar o problema, preparar-se, deixá-lo incubar e assim por diante, até chegar ao resultado satisfatório.

Aprovação obtida, intensifique o papel de guerreiro – personagem que entra logo após o juiz. Trabalhe para que a ideia seja também adotada na prática.

Você concluiu a primeira parte de todo o trabalho. Tudo o que tem a fazer é transformar esse encontro em texto que prenda a atenção do leitor e leve a resultados, não importa o que isso significa para você: vender, emocionar, ensinar, mudar comportamentos, divertir, e vai por aí afora – as possibilidades são ilimitadas e convém saber exatamente aonde se pretende chegar com a mensagem a ser escrita.

Redação.

TRANSFORMAR IDEIAS CRIATIVAS EM TEXTOS EFICIENTES. O ARTESANATO DO TEXTO REVELA O ESCRITOR.

Tudo o que se escreve visa ou a agradar ou a instruir, mas este segundo objetivo dificilmente poderá ser atingido se o primeiro não o for.
Sidney Smith

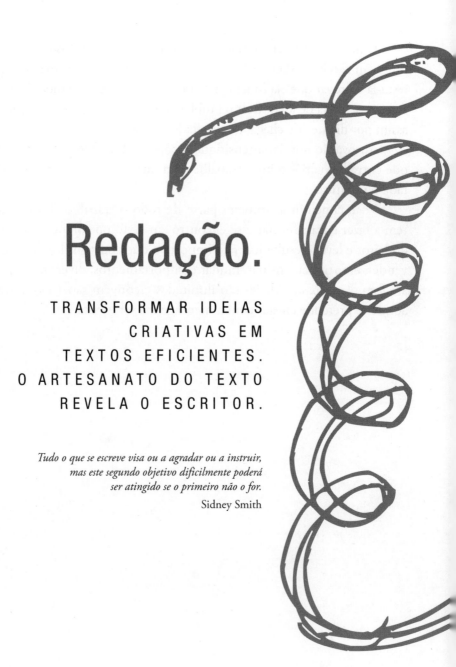

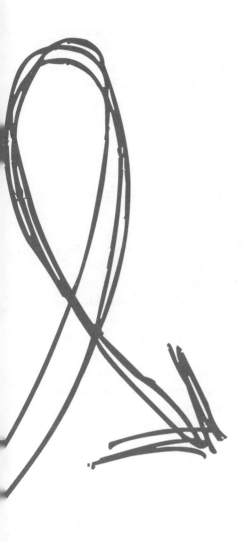

Não existe uma fórmula mágica à disposição de quem pretende tornar-se escritor. Bastam esforço e disciplina. A disciplina é fundamental. Muitos que desistem estão apenas sendo vítima da indisciplina, ainda que tenham todo talento do mundo. Malamud recomenda: "Escreva, complete, revise. Se não funcionar, comece outra coisa". Talvez a disciplina seja, em tudo, o elemento que decide o jogo. Por isso, comece por estabelecer uma rotina. Defina um horário para escrever e outro para ler e estudar – de preferência mantendo a mesma hora do dia para cada atividade. Acomode-se num lugar bem iluminado e ventilado. Como estudioso, leia romances, por exemplo, para aprender a técnica, mais do que para se emocionar.

Certa vez alguém quis saber que técnica o escritor William Faulkner empregava para escrever.

Ele respondeu:

> Deixe que o escritor se dedique à cirurgia ou à alvenaria, se a técnica o interessar. Não há um jeito mecânico de escrever, nenhum atalho. Um escritor novo seria um louco se seguisse uma teoria. Deve aprender com seus próprios erros; as pessoas só aprendem errando. O bom artista acredita que ninguém é bom o bastante para lhe dar conselhos. Possui suprema vaidade. Não importa o quanto admire o velho escritor, ele quer superá-lo.

Quando a conversa voltou-se para T. S. Eliot, ele não hesitou. Perguntado sobre o processo de escrever, os hábitos que mantinha, se escrevia à máquina etc., deu esta longa explicação:

> Parte a máquina. Uma boa parte de minha nova peça, *O velho estadista,* foi feita a lápis, muito toscamente. Depois datilografei-a eu mesmo, antes que minha mulher começasse a trabalhar nela. Ao datilografar eu mesmo, faço alterações, muitas. Mas, seja a mão ou a máquina, quando componho alguma coisa de fôlego, uma peça, por exemplo, isso significa para mim um horário regular, digamos das dez à uma. Descobri que três horas por dia é mais ou menos o que consigo fazer em termos de criação. Posso revisar, quem sabe, mais tarde. Às vezes eu sentia vontade de continuar, mas, quando olhava a coisa no dia seguinte, o que eu escrevera depois de terminadas as três horas nunca era satisfatório. É muito melhor parar e pensar em alguma coisa completamente diferente.

Escrever é o ato de construir uma mensagem capaz de atingir o público-alvo, provocando nele o desejo de aderir a uma ideia. Só que ninguém faz isso do dia para a noite. É preciso ter tempo para tecer cada detalhe que compõe um texto. Caso contrário, corre-se o risco de falar muito e dizer pouco. O prejuízo é certo.

Escrever é a arte de convencer pessoas, ainda que nosso objetivo seja convencê-las de que não devem convencer-se de coisa alguma. Nada é mais pertinente do que aprender com quem faz isso da maneira que historicamente já provou dar resultados – e que resultados!

Assim, sem medo de aprender e ampliar horizontes, tornemo-nos alunos da propaganda, absorvendo dessa técnica tudo o que pudermos para transmitir ainda melhor as nossas ideias. Como vem sendo mostrado, é isso que dá a tônica deste livro e o torna diferente.

A fórmula segue quatro etapas na conquista do leitor:

- obter a *Atenção*;
- atrair o *Interesse*;
- despertar o *Desejo*;
- levar à *Ação*.

MEDO DE ESCREVER MAL. PIOR DO QUE ISSO É NÃO REAGIR

O medo de escrever mal pode pisotear o nosso projeto de redigir. É comum termos medo de descobrir algo sobre nós mesmos que preferíamos ignorar, ou revelar o que gostaríamos de manter oculto. Tememos a ideia de cair no conceito dos outros. Não queremos violar nossos próprios padrões, sempre muito elevados, mas erramos em exigir que o primeiro rascunho traga-nos o prêmio Nobel de Literatura. Esses são alguns dos fantasmas que nos convidam a procurar outra ocupação. A leitura pode ser a solução, aquilo que vai fazer o ritual de exorcismo capaz de banir para sempre o monstro que nos apavora.

Jovens e experientes escritores correm o risco de ser atormentados por medos e dúvidas. Como esses sentimentos podem ser transformados em aliados para escrever melhor?

Se você convive com o medo de escrever é exatamente porque precisa escrever. Mas se aprender a dominá-lo, seu medo poderá se tornar uma poderosa ferramenta que o ajudará a expor seus pensamentos e desejos mais profundos.

Eu posso aceitar os medos como desafios que precisam ser superados para se alcançar um objetivo. Ou, então, deixá-los tornarem-se desculpas para adiar o trabalho que poderia me levar à realização dos meus desejos.

Se ficar com a primeira opção, então permitirei que eles me preparem para os desafios que o mundo real atirará em minha direção. Se ficar com a segunda, bem, neste caso o medo também teve sua utilidade:

testou minha determinação e me impediu de mergulhar em algo com o qual eu não estava suficientemente comprometido.

Também nesse caso, coragem não significa não ter medo. Ela é a decisão de prosseguir assim mesmo. Pense na recompensa que você quer alcançar quando superar seus medos.

Em *Oficina de escritores*, Stephen Koch nos oferece um relato interessante e encorajador:

> Às vezes quando eu estava começando uma nova história e não conseguia engrená-la [...] levantava-me, contemplava os tetos de Paris e pensava: "Não se preocupe. Você sempre escreveu antes e vai escrever agora. Só o que precisa fazer é escrever uma frase verdadeira. Escreva a frase mais verdadeira que sabe". Assim finalmente eu escrevia uma frase verdadeira, e depois prosseguia a partir dali. Era fácil porque havia sempre uma frase verdadeira que eu sabia, tinha visto ou tinha ouvido alguém dizer. Se eu começava a escrever de maneira rebuscada, ou como alguém que introduz ou apresenta alguma coisa, descobria que podia cortar esse ornamento, jogá-lo fora e começar com a primeira frase declarativa simples e verdadeira que tinha escrito.

IMITAÇÃO. ISSO TODO MUNDO JÁ FEZ (OU QUASE TODO MUNDO)

No início da carreira, e empregada como recurso de aprendizagem, a imitação não faz qualquer mal. Você não será o único a se utilizar desse recurso para desenferrujar, encontrar seu próprio estilo. Não são poucos os escritores que declaram ter copiado descaradamente muitos de seus colegas. Apenas o normal, portanto.

Para o escritor principiante, a possibilidade de imitar um clássico engrossa e tempera o seu repertório e estilo. Amacia o que ainda tem certo aspecto primitivo.

Isso se revela, desde logo, na segurança adquirida e no caminho que a imitação abre para que, em breve, você jogue fora as muletas e caminhe sozinho, criando e produzindo textos com personalidade própria, com um jeito pessoal e intransferível de ser e de dizer.

José J. Veiga dizia que no início da carreira apenas imitava seus escritores preferidos, os modelos que compunham sua galeria de estilos.

Escrevia como se fosse cada um deles compondo um novo texto. Passou muito tempo fazendo esse exercício, que, segundo ele, foi um tempo investido com grande proveito. Frequentando o antigo ginásio, sempre lia muito. Na hora de escrever, imitava os autores que lia e de quem gostava. Até surgir a oportunidade de publicar alguma coisa.

Vladimir Nabokov questionava a prática, no entanto. Esbravejava insinuando que tais escritores eram considerados de segunda categoria. Para Nabokov, eles dão a impressão de serem versáteis, só porque imitam tantos outros, desde os antigos até os contemporâneos. A originalidade artística, segundo ele, tem somente a si mesma para imitar.

Ter a coragem necessária para se expressar a seu modo e, ao mesmo tempo, procurar orientação para fazê-lo, parece um tanto contraditório, paradoxal. Mas é apenas outro jeito de encontrar o próprio estilo.

Imitação como alavanca: isso é técnica. Imitação como forma de descobrir que plagiar é mais fácil do que pensar, criar, escrever e editar: isso é antiético e pode trazer consequências pouco agradáveis.

Portanto, não tenha medo da imitação. Afinal, todos sabem que a ideia absolutamente original é apenas uma fantasia. Tudo já existiu em outro lugar, de outra forma. Nem mesmo os escritores sagrados, que há milênios produziram todos os textos bíblicos, foram rigorosamente originais.

A imitação abre caminhos, facilita o crescimento. É o que revela outro exemplo de sucesso nessa área: as primeiras histórias de Gabriel García Márquez. Segundo se comenta, elas eram uma visível imitação de Kafka. No entanto, colocaram o autor num caminho que fez dele um dos estilistas mais admiráveis e originais de sua época. O mesmo vale para Anton Tchekov, que aprendeu a escrever reescrevendo histórias inteiras de Tolstoi e Turgueniev. Dessa galeria fazem parte, também, Somerset Maugham e Joan Didion. Um e outro copiaram longos trechos de seus escritores prediletos, e aprenderam sempre mais o caminho que os levaria à consagração literária.

ESCREVER E SER ESCRITOR

Quem é, afinal, este ser a quem chamamos escritor e que, com alegria ou dor, se denomina como tal? O que é um bom escritor?

O escritor é alguém que domina uma técnica. Mas ela, em si mesma, se absolutizada, leva à frieza. Isso acontece quando, para o autor, suas ideias são mais importantes do que qualquer coisa. Inclusive, mais do que o leitor, para quem escreve.

Portanto, se para o escritor a técnica se tornou uma segunda natureza, porque nada faria sem ela, não é menos verdade que o domínio pleno desse recurso não o dispensa do compromisso de usar a alma, a fim de que a técnica não se torne fria. Sentimento, sim, para não matar a obra. Sentimentalismo forçado, isso nunca, para não cair na pieguice rasteira.

E quanto ao estilo? Ficção de qualidade comove pelo que acontece, jamais pela choradeira. Isso equivale a dizer que o que conta é o estilo, quando ele é colocado a serviço do material apresentado, e não outra coisa. Tenha algo a dizer, eis a primeira regra para se chegar a um bom estilo.

Outra questão se apresenta: escrever é fruto de uma suposta predestinação literária? Não creio. Predestinação é algo muito forte. Ao contrário, sou mais propenso a acreditar que somos levados por circunstâncias acidentais, às vezes pelo primeiro êxito obtido no trabalho de tecer com as palavras.

Também não se trata de neurose. O processo tem mais a ver com certa habilidade de enxergar coisas e desejar transformá-las em palavras para que outros participem desses encontros nem sempre planejados. Trata-se do exercício de deixar um pouco a normalidade, fugir dos paradigmas, enxergar o que tantos viram, mas não enxergaram, e dizer o que ninguém disse.

Uma prova está em Carlos Heitor Cony, que começou a escrever devido a um problema na fala – ele trocava o *g* pelo *d*. Um dia, chateado com esta situação, pegou um papel e começou a escrever com *g*, mostrando que sabia escrever. Estava nascendo um novo escritor.

A vocação é obsessiva. "Comecei", disse Katherine Anne Porter, "sem nada no mundo, a não ser a paixão, o desejo que me movia". Pessoas com essa motivação admitem a ideia de adestramento intelectual. A prática é adotada quando o assunto é preparar-se muito bem para o trabalho – escrever com adequação e estilo é uma tarefa das mais difíceis. E o bom escritor sente-se de tal forma desafiado, quando descobre sua vocação, que se volta inteiramente à busca da melhor forma de realizar seu trabalho. Afinal, ele deseja manter lá em cima o nível de exigência consigo mesmo.

O escritor é movido por uma vocação, parece que não temos como fugir disso. Ninguém começa a escrever por acaso. Assim, ele tem uma motivação que o leva a se expressar por escrito – pouco importa se isso lhe causa angústia ou um prazer intenso. Estamos falando de algo que em algum momento o escritor viu, ouviu ou sentiu, e que agora deseja tomar a forma das palavras para chegar até outras pessoas. Esse escritor é você, que agora se envolve na leitura deste texto porque deseja transformar em algo concreto o talento literário que se esconde lá dentro e pede para vir à luz. É de você e de tudo o que pode fazer que falamos da primeira à última página deste livro.

Assim, o ato de escrever não deve produzir no escritor a sensação de ter-se transformado numa espécie de deus ou coisa parecida, mas de cumprir uma tarefa para a qual teria sido destinado. Com essa consciência, ele atende a uma vocação que o coloca em movimento para trabalhar com as palavras. Nisso, age como os escritores sagrados. Em troca pela resposta à convocação, experimenta uma sensação de bem-estar pela tarefa cumprida.

No entanto, e ainda que pareça haver consenso, Georges Simenon é contundente em seu depoimento, que desmistifica a atividade ao lembrar que muitos consideram o escrever uma profissão, mas ele não acha que seja. Simenon acredita que quem não necessita ser escritor e dispõe de meios para fazer outra coisa, deveria fazer outra coisa. E conclui: "Escrever não é uma profissão, mas uma vocação para a infelicidade. Não creio que um artista possa jamais ser feliz".

Iniciar-se na carreira de escritor não acontece por acaso. Pouco importa o momento em que alguém decide escrever. Encontrar ideias e transformá-las em texto requer sempre muito trabalho, uma disciplina quase monástica. Observar. Ler. Trabalhar. O primeiro rascunho. O segundo. O vigésimo quinto. O mundo lá de fora silenciado para que o de dentro possa dizer sua palavra. O recolhimento. Atitude feita de disciplina. Maria Alice Barroso revela: "Realmente, eu impressionei minha família com a minha capacidade de ficar horas e horas com a cabeça metida nas páginas de um livro". A quase obstinação e o desassossego até que aquela matéria-prima amorfa, agora transformada em texto, seja publicada, entregue às mãos do leitor, seu verdadeiro e legítimo dono.

Nesse caso, o talento não resolve tudo. "O talento é insignificante", disse James Baldwin. Ele lembra que conhece muitos fracassados talentosos. Além do talento, contam também a disciplina, o amor, a sorte, mas, acima de tudo, a persistência – conclui. Todo talento será desperdiçado se não for preservado e fortalecido pela quase obsessão, isso que também atende pelo nome de *vocação*. O que conta não é tanto a habilidade de escrever, mas a insistência em fazê-lo. Bons escritores têm uma compulsão. E, a seu modo, você também precisa ter a sua.

Talvez pareça um tanto inesperado, mas o prazer da escrita pode não estar nela mesma. Ele pode ser encontrado no processo, mais precisamente na segunda etapa do trabalho, o momento da revisão. Porque é aí que o escritor se coloca como artesão da palavra, entrando com ela num corpo a corpo, uma luta que sugere a prática do ato sexual, de onde vai nascer a obra literária na sua melhor forma.

Existe o prazer, sim. Mas tem o lado do trabalho. Em geral, o escritor começa porque tem jeito para escrever. E termina porque não tem jeito de parar, isso é frequente. O prazer de escrever está mais no trabalho de reescrever o material – não existe escritor, mas reescritor. Passou batido? Então recomendo que volte atrás e releia: **não existe escritor, mas reescritor.**

O escritor tem prazer em escrever francamente o que pensa, sem censura e, melhor ainda, sem autocensura, o carrasco que inibe a criatividade. Poder deixar-se envolver pela sedução do desconhecido, e então escrever para ficar sabendo. Isso é prazeroso.

Numa outra visão do processo, há quem diga que só o prazer proporcionado pelo ato sexual é comparável à atividade literária. Ou seja, ler e escrever só vale por prazer, embora a escrita exija muito mais empenho. Para ter uma ideia da intensidade com que alguns autores tratam o ato de escrever, leia o que disse Lêdo Ivo: "Prazer só comparável ao sexual. Só lê e só escreve por prazer". Para Fernando Sabino, escrever é uma experiência que não raro leva ao orgasmo, ao prazer físico, e o estímulo que leva a isso é um ato de amor, nada comparado às dores de um parto, como desejam alguns. E ele continua, afirmando que a elaboração é um ato de amor, é a concepção. E essa concepção, segundo ele, é uma questão de disciplina.

No momento em que ela atinge sua maturação, o livro vem, a coisa começa e a gente se dispõe, bota-se no estado de espírito de quem vi trabalhar. Então você se transforma num operário, tem horas de trabalho, tem de arrumar sua vida de maneira que nada conflitue e tem de se organizar metodicamente para que seu trabalho chegue a um resultado; esse trabalho passa a ser o trabalho do homem.

Sabino dizia que trabalhava escrevendo e dedicava seis horas por dia à literatura.

Para ele, o prazer consistia em conseguir escrever. Sofrimento era não conseguir, empacar e ter a impressão de que nada ia nos resgatar com vida desse imenso abismo entre o querer e o poder.

No entanto, a opinião segundo a qual a escrita causa prazer não é unânime, é bom que se lembre. Nem sempre ele está presente. Afinal de contas, o que pode haver de prazeroso no ato de lutar com as palavras, ensaiar sem sucesso um parágrafo, uma direção, sem ver qualquer perspectiva de sucesso? – perguntam alguns profissionais da palavra.

O risco de fracasso existe. Mas é apenas um risco. E, aqui entre nós, a vida está repleta deles, ainda que tomemos a decisão de permanecer indefinidamente na cama, o que traz consequências danosas para o corpo.

COMEÇAR. ISSO JÁ É MEIO CAMINHO ANDADO

A decolagem de um avião queima mais combustível do que durante a sua manutenção no ar, rumo ao seu destino. Na criação acontece o mesmo. O início do processo pode consumir mais energia do que a sua elaboração e até que chegue à versão final.

O óbvio: o escritor só pode criar uma história se antes disso ela for encontrada. Ora, ele só a encontra quando a cria. A raiz latina da palavra "inventar" é "encontrar". E só ficamos sabendo o que temos a dizer depois que dizemos. O que significa que o caminho pode ser a invenção da história.

Inventar, encontrar, isso tudo dá muito trabalho. Mais prazeroso pode ser a tarefa de reescrever, brincar com as palavras, decidir o seu lugar, como se fossem pedras num micromosaico. Como escritores, somos os protagonistas nos dois atos: conceber e educar o texto. O prazer é fruto de um serviço bem-feito, de entregar mais do que pensamos, para que o leitor sinta-se recompensado por investir seu tempo diante da nossa produção literária.

De onde pode surgir uma grande história? De uma simples frase insistente, nascida de um impulso originado de alguma emoção, talvez raiva ou entusiasmo.

Uma imagem mental foi o suficiente para iniciar a obra de William Faulkner. "A imagem era dos fundilhos enlameados da calcinha de uma menina pequena trepada numa pereira, de onde ela podia ver, por uma janela, o local onde estava se realizando o funeral de sua avó e descrever o que estava acontecendo aos seus irmãos, no chão, embaixo". Faulkner nos lembra que quando explicou quem eles eram, o que estavam fazendo, e como as suas calças haviam se sujado de lama, percebeu que seria impossível colocar tudo aquilo num conto e que teria que ser um livro. "E aí eu me dei conta do simbolismo das calças sujas de terra, e essa imagem foi substituída pela da menina sem pai nem mãe descendo pelo cano da calha para escapar do único lar que possuía, no qual nunca lhe haviam dado amor, afeto ou compreensão", ele conta.

Iniciar continua sendo o grande desafio de quem se coloca diante da folha de papel em branco ou do brilho da tela do computador. Tudo pode começar por causa de uma leitura, do desejo de fantasiar. Falando sobre a maneira como começou a escrever, Ivan Ângelo revela que, lendo, ele acha que foi tentado a contar também aquelas histórias fantásticas, e começou a escrever.

O texto pode surgir depois de uma espécie de formigamento, de pressentimento da história que vai ser escrita, como narra Isak Dinesen. Ou de uma pulsação, como Nabokov descreveu.

O começo está muito mais na definição de um tema. Mas chega um momento, em toda a pesquisa, em que é preciso começar a desenhar o texto. Não há como adiar. E depois de iniciar, deve-se continuar, até que todas as possibilidades estejam esgotadas. Para sair da letargia, a solução está em dar os primeiros passos, vagarosos, embora decididos.

Philip Roth dizia que frequentemente tinha de escrever cem páginas ou mais antes de conseguir um parágrafo que tivesse vida. "Tudo bem, digo a mim mesmo, esse é o início, comece por aí; esse é o primeiro parágrafo do livro". Ao longo dos primeiros seis meses de trabalho, Roth sublinhava em vermelho algumas frases e parágrafos, às vezes apenas um fragmento de frase que tivesse alguma vida. Depois transcrevia tudo numa página à parte.

Um dos maiores, senão o maior inimigo do principiante, é a falta de confiança. Com o tempo, o problema diminui. Mas não desaparece totalmente. Os professores de redação criativa dizem aos alunos que escrevam sobre o que conhecem. Mas como saber o que você conhece antes de escrever? Escrever, portanto, é saber. Saber e confiar.

Para muitos, o problema é a falta de tempo. Solução: arranje tempo. Isso é essencial. Todo escritor, mesmo os mais famosos e produtivos, lutam a vida inteira a fim de conseguir e preservar o tempo para escrever. Descoberto o tempo que procura, não se permita menos do que ter o mais difícil: a primeira versão, que certamente será cheia de arestas, desengonçada, cheia de buracos etc. Mas ela sempre representa a vitória de ter dado o primeiro passo e contar com algo para reescrever mil vezes se necessário.

Primeiro, é preciso ter audácia e coragem para começar. "Quando pensamos quantas coisas aterrorizantes as pessoas são chamadas a fazer todos os dias ao combater incêndios, defender seus direitos, realizar cirurgias no cérebro, dar à luz, dirigir na via expressa e lavar janelas de arranha-céus, parece frívolo, comodista e presunçoso falar sobre escrever como um ato que requer coragem", lembra Francine Prose, em *Para ler como um escritor*.

É preciso ter o desejo de escrever. Caso contrário, será impossível identificar o ponto de partida e começar. "Não há nada para escrever. Tudo o que você precisa fazer é se sentar em frente de sua máquina de escrever e sangrar", lembrou Ernest Hemingway. Mate o medo de não escrever uma obra-prima. Comece. Se enveredar por um contrassenso ou digressão, vá até o fim, e deixe para dar o polimento na versão final. E só há um jeito de começar: começando. Quando? Já. Agora.

Além do tempo, sabe-se que a maioria dos escritores vive o problema de lidar com entraves como ansiedade, o censor interno, que faz silenciar, as incertezas e o desafio de identificar uma ideia. Stephen Koch recomenda não deixar que a ansiedade e os temores o detenham.

E acrescenta que a maioria dos escritores, ainda que talentosos e bem-sucedidos, passa grande parte da vida lidando com o drama interior da confiança. Segundo ele, o jeito é "transformar a palha poeirenta da incerteza e do medo no ouro puro da clareza e da convicção. É tarefa para uma vida toda".

Dominar a ansiedade, eis o primeiro passo. Mas é indispensável saber fazer narrativas e desenvolver um método para fazê-lo. "Abandone esta ideia de que você nunca vai terminar. Esqueça as 400 páginas e escreva apenas uma por dia. Quando você concluir o trabalho, ficará profundamente surpreso" – sugere John Steinbeck. Koch sugere que você escreva do modo mais livre e rápido possível. Que jogue tudo no papel. Não pare para corrigir, não reescreva nada antes de terminar. Segundo ele, "Reescrever durante o processo costuma ser uma desculpa para não prosseguir".

Então, é preciso definir o conteúdo, que pode ser história – o que conhece. "As histórias só acontecem com quem sabe contá-las", lembra Allan Gurganus. Um bom começo para produzir a primeira versão é permitir o jorro de ideias, escrevendo sem síntese. "Escreva tudo. Despeje-se na página. Escreva uma primeira versão terrivelmente fraca, autoindulgente, lamurienta e choramingas. Depois, tire os excessos, o mais que puder."

"Pesquisando para escrever esse texto, dei de cara com autores que falam em adestramento intelectual quando o assunto é preparar-se adequadamente para a tarefa. Porque escrever bem é uma tarefa das mais difíceis. E o bom escritor sente-se de tal forma desafiado, quando descobre sua vocação, que se volta inteiramente ao trabalho de buscar a melhor forma de realizar seu trabalho. Isto é, estou falando de manter lá em cima o nível de exigência consigo mesmo", observa Ernest Hemingway.

Um detalhe, que toca muito no aspecto prático do desafio de iniciar um trabalho, está no que você vai ler a seguir. Assim que o dicionário *Houaiss* chegou ao mercado, intrigou-me primeiramente o volume de trabalho exigido para se construir uma obra de tal maneira abrangente. E encontrei nele mesmo a resposta para a minha pergunta. Lá pelas tantas, aparece a afirmação de que o grupo usou uma estratégia para vencer o desânimo de prosseguir no trabalho. Ela consistia em preparar logo de início o verbete mais breve, certamente a letra *Z*, a parte que exigisse menos trabalho e menos tempo da equipe. Ora, concluir esse verbete lhes daria a sensação de que algo ficou pronto e disposição para prosseguir. Imagine se tivessem iniciado pela letra *A*! Assim como a equipe que elaborou o competente dicionário, encontre o seu melhor recurso para avançar. Para isso não é necessário ir muito longe. Lembre-se do número de vezes em que, ao iniciar uma prova escrita, foi orientado a responder primeiro as questões que considerava mais fáceis e em relação às quais se sentia seguro.

ROTINA E HÁBITOS. PARA VIAJAR, INVENTE ESTRADAS

Routine, em francês, é uma "trilha batida, curso costumeiro de ação". E *hábito*, que tem origem no latim *habitus*, a partir do século XIV adquiriu o sentido de "prática costumeira".

Alguns escritores produziam todos os dias. No entanto, essa prática está ficando cada vez mais perdida no passado. Vivemos tempos que não nos permitem essa disposição regular do tempo. Estabelecer um horário fixo, para todos os dias, como Thomas Mann, que escrevia diária e religiosamente, sempre no horário das 9h às 13h, quem pode fazer isso? As exigências do nosso século ditam outras regras. Cabe-nos buscar a adequação ao nosso cenário.

Por vezes, o escritor estabelece sua rotina. Para fugir do perigo, escreve todos os dias, a partir de um método que o liberte da dependência da boa vontade da inspiração, sem qualquer senso de pontualidade. Sentar, manter uma disposição para o encontro com a ideia, eis o caminho. Isso é ter disponibilidade interna para escrever.

As possibilidades são muitas. Tomar o café da manhã e sentar-se diante do caderno ou do computador, em novas tentativas que procuram outros caminhos. Visitar o próprio interior, vasculhando o que o subconsciente produziu no período que lhe foi concedido para fazer o que sabe tão bem: revelar o que ainda não havia sido percebido.

Ernest Hemingway relatou que quando estava trabalhando em um livro ou um conto, escrevia diariamente de manhã, a partir da hora em que surgia a primeira luz, quando não tinha ninguém para perturbar, interromper o processo. Ele começava a trabalhar e ia esquentando conforme escrevia. Lia o que tinha feito no dia anterior e sempre parava num trecho a partir do qual sabia o que ia acontecer, prosseguia desse ponto. Escrevia até chegar a um momento em que, ainda não tendo perdido o gás, podia antecipar o que vinha em seguida. Então ele parava e tentava sobreviver até o dia seguinte, para voltar à carga.

Gore Vidal contou sobre a sua rotina: "Escrevo os romances à mão, em blocos de papel amarelo, exatamente como o criminoso número 1, Nixon. Por algum motivo, escrevo peças e ensaios a máquina. A primeira versão surge muito depressa". Vidal nunca relia um texto até terminar a primeira versão, trabalho que, segundo ele, seria muito desencorajador. "Também porque quando você tem a coisa toda ali na frente, pela primeira vez, já esqueceu a maior parte e vê tudo como se fosse novidade. Reescrever, no entanto, é um negócio vagaroso, penoso. Para mim, o principal prazer".

Mas também é possível não ter qualquer rotina, apenas o desejo de escrever, com o mínimo de liturgia, sem desejar o perfeccionismo imediato, que não vem. Não ter horário para escrever. Trabalhar com ou sem método.

Onde? A escrivaninha no quarto; a biblioteca; o café, tudo pode ser o espaço ideal para criar e escrever.

E não importa quando. De manhã, à tarde, no início da noite ou madrugada adentro, todo tempo é tempo quando existe o propósito de começar para descobrir qual é, afinal, o final.

Em tudo, o que mais conta é escrever quando a vontade vem. Todos os dias, para não perder o fluxo. Apenas alguns dias da semana, a fim de que as ideias amadureçam. Sentado. Rabiscando em qualquer pedaço de jornal, para evitar o apego ao material e às ideias.

E se a ideia não vem? Deixa-se para depois, esperando que as palavras fiquem prontas para começar o desfile. Christopher Isherwood relatou que, quando jovem, era absolutamente fanático. Escrevia à mão e não suportava ver qualquer rasura no papel. Como isso aconteceu antes da invenção dos corretivos, costumava raspar as palavras com uma lâmina de barbear, alisar o papel com a unha do polegar e escrever de novo. "Era terrível! Eu desperdiçava tanta energia com esses exageros!" – disse.

ESCRITA CRIATIVA

Claro que é uma grande tolice pensar no escritor como aquele que se levantava de manhã e se senta à sua mesa, acaricia o gato e recebe a luz divina para então escrever. Escrever é uma tarefa como outras. Escreve-se um pouco por dia, por semana, por mês, e, ao final de um período de prática da disciplina, tem-se um livro.

Não há uma única maneira. O jeito como trabalha, desde que faça isso com disciplina, não importa. Não há mágica que possa ajudar. O truque é arrumar tempo – não apenas alguns minutos – e produzir. Um escritor é injusto consigo mesmo quando não consegue ser rigoroso com seu trabalho.

Portanto, escreva em qualquer lugar. Pegue outro caderno e outra caneta e simplesmente escreva. Tome uma atitude definitiva. Se quiser escrever, tem que fazer isso, escrever. Não existe atmosfera, caderno, caneta, mesa ou computador ideal. Nesse sentido, aprenda a ser flexível. Experimente escrever em circunstâncias e em lugares diferentes: no trem, no ônibus, na mesa da cozinha, na varanda, no degrau da entrada de uma loja, no banco traseiro do carro, na biblioteca, no balcão de um restaurante, na sala de espera, na mesa do bar, no aeroporto... Em qualquer lugar, liberte o escritor e deixe que ele trabalhe. Depois você edita e publica. Depois.

William Faulkner lembra: "Você já deve ter ouvido falar sobre uma velha fórmula, segundo a qual toda criação é fruto de 5% de talento, e outros 95% de disciplina, trabalho. É isso mesmo. Nada, a esse respeito, foi mudado". Segundo ele, escrever é algo delicioso. Mas lembra que não há nada de mágico em tudo isso. Nenhum resultado satisfatório vai surgir sem trabalho sério, determinação. Portanto, essa é uma boa oportunidade para lembrar o perigo de esperar que sua agenda, sua família, seus amigos, professores, chefes etc. o liberem para escrever, autorizando-o para essa tarefa. Como você sabe, eles não o farão. Ou você inventa o tempo ou não produz. É a vida.

Isso nos leva naturalmente a um ponto indispensável: a disciplina.

Ter disciplina, obedecer ao menos às próprias regras, necessárias para atingir um objetivo, tudo isso pode ser aprendido, desenvolvido, dependendo apenas da vontade pessoal. Ela é indispensável quando se pretende ter liberdade para criar.

A palavra deriva de *discipulus*, "aluno, aquele que aprende". Trata-se de obediência ao conjunto de regras e normas estabelecidos por determinado grupo ou por nós mesmos. Refere-se ao cumprimento de responsabilidades específicas de cada pessoa.

Para fazer um bom texto, sobretudo quando ele deve ser irreverente, indisciplinado, é preciso ter... disciplina. Elaboração, artesanato, disciplina, empenho, tudo isso anda de mãos dadas.

TÉCNICA. DESCUBRA O MODO DE FAZER

Em geral, todo bom trabalho, não apenas na literatura, é fruto de um planejamento prévio. Sem um projeto, sem um mapa, o risco de se andar muito para enfim chegar a lugar nenhum é sempre algo muito presente e ameaçador. Ainda que nem todos aceitem, o ato de planejar a estrutura do texto, que requer determinada habilidade, permite que o escritor tenha segurança na sua caminhada.

Imagine a cena: o pedreiro começa a construir a casa, a partir da sua fundação, mas não dispõe de uma planta, sequer em forma de rascunho. Não estudou o terreno. Não projetou. Não tomou qualquer providência além de, desordenada e apressadamente, cavar e assentar tijolos às cegas. Você faz ideia do resultado final quanto a aspectos como segurança e estética, apenas para ficarmos em dois quesitos básicos?

Há algo que não se pode negar quando o assunto é planejamento de uma obra literária: a sua importância. No mínimo, ele garante que o texto final, durante a revisão, não nos vai obrigar a colocar tantos remendos. Com isso você ganha em termos de tempo e de investimento de mão de obra. Sem contar que no final das contas seu trabalho não vai exigir que você o refaça, somente porque ele ficou parecido com nada ou quase isso.

Um bom planejamento sempre ajuda, se ele não for transformado numa camisa de força. Começar a escrever quando já se sabe o meio e o fim da história dá segurança. E não é incomum o final surgir antes mesmo do começo. A recompensa por isso pode ser um texto que, depois de iniciado, escreve-se a si mesmo.

É confortador saber que todos os que construíram uma obra relevante passaram pela mesma estrada. Assim, temos a certeza de que, mantendo essa direção, chegaremos ao destino que nos moveu a iniciar a viagem.

O planejamento tem como principal função deixar o escritor livre, inclusive para, em determinado momento, se desligar dele e seguir um rumo inesperado.

Mas um bom planejamento pede uma boa técnica. A palavra vem do grego *téchne*, que se traduz por "arte" ou "ciência". É um procedimento que tem como objetivo a obtenção de determinado resultado, seja na ciência, na tecnologia, na arte ou em qualquer outra área. Em outras palavras, uma técnica é um conjunto de regras, normas utilizadas como meio para chegar a certo resultado. Ela supõe que, em situações semelhantes, uma mesma conduta ou um mesmo procedimento produzirão o mesmo efeito. Como tal, trata-se do ordenamento de uma forma de atuar ou de um conjunto de ações. A técnica requer o uso de ferramentas e conhecimentos bastante variados, os quais podem ser tanto físicos como intelectuais.

Alguns escritores têm horror a palavras como *planejamento*, *pesquisa*, *método*. Vivem as coisas e os fatos antes de escrevê-los. A princípio, planejam pouco. Grande parte do que acontece no texto, acontece durante o ato mesmo da escrita.

O livro pode estar organizado em sua cabeça antes de começar. Ou ele se desenvolve à medida que escreve. Durante o caminho, você dá de cara com surpresas, com aquela frase que surge do nada. Tudo isso empurra o texto para a frente, levando-o para o final.

Às vezes, o método, a técnica, nada disso importa. Se chegou o momento, a criança vai nascer, qualquer que seja a forma escolhida: parto normal, de cócoras ou cesariana. O impulso ou emoção podem estar por trás, a caneta pode ser o bisturi, num trabalho que se desenvolve no terreno do racional.

Às vezes, a técnica assume o comando do sonho, antes que o próprio escritor possa ter domínio sobre o trabalho. Por isso, a liberdade é sempre bem-vinda. A questão, como se vê, é controvertida.

No planejamento se tem a possibilidade de estabelecer previamente as regras do jogo a ser jogado. Mesmo que elas sejam alteradas durante o trabalho. Isso é mais frequente quando se pensa no planejamento como instrumento que oferece instruções mínimas sobre a estrada a ser percorrida. Se alguém joga um jogo, precisa de regras, caso contrário não haverá graça nenhuma.

Entretanto, o planejamento nada tem de absoluto. Nem sempre as coisas construídas mais de acordo com os planos são as mais bem-sucedidas. Alguns escritores sequer acreditam nesse recurso. Preferem dar vazão às ideias, livremente, e deixar que o texto se escreva por si mesmo. O que não podemos é negar a importância de se elaborar um plano antes de começar a trabalhar. Ainda que seja o plano de não ter plano algum.

A elaboração pode acontecer por meio da organização de maneira sistêmica de um conjunto de fichas, para quem prefere o sistema manual, ou de dados armazenados num arquivo do computador. Tudo provocando o subconsciente do escritor e lançando novas luzes sobre todo esse material. Criando condições para que, devidamente manipulado, apurado, tudo resulte num texto com sentido e sabor. Algo capaz de atrair a atenção do leitor mais desinteressado e permitir-lhe a certeza de que valeu a pena gastar tempo naquela leitura. Seja porque ela lhe ensinou alguma coisa, seja porque foi capaz de arrancar dele um sorriso imprevisto. Isso, naturalmente, implica escrever uma primeira vez, mais uma, umas tantas outras, e de um trabalho persistente de revisão que em geral nos faz pensar que não terá fim. Não existe escritor, o que existe é reescritor, lembra?

Para George Simenon, a melhor maneira de iniciar o romance era pelo caminho do mistério. Sempre havia em sua cabeça alguns temas girando, quer fosse a chegada da primavera, a lembrança de um lugar, um cartão-postal, um simples raio de sol, qualquer coisa significava um assunto passível de ser transformado em texto. O próximo passo era procurar por algum personagem que lhe servisse de protagonista. Em um envelope, anotava nomes para suas futuras personagens, extraídos geralmente da lista telefônica, e procurava por um mapa da cidade onde sua história seria ambientada. De posse desse material, trancava-se para escrever por exatos 11 dias, sem qualquer contato humano, presencial ou à distância – o nome disso é *disciplina*. Jamais soube o que iria acontecer no romance. Apenas se colocava na pele do protagonista, tornando-se, ele mesmo, o protagonista, e enfrentava situações levadas ao limite, o que resultava em pelo menos duas coisas: exaustão e um novo romance. Algo de sobrenatural nessa metodologia? Certamente não. Apenas disciplina e trabalho. O que o impede de fazer o mesmo caminho?

A técnica mais comum, no seu passo a passo, começa com a prática de fazer anotações, sem compromisso, num caderno ou em pedaços soltos de papel, em todo tempo e lugar – um dia, a ideia aparece, e, com ela, o texto. Quando o escritor tem uma visão inicial, procura reunir o maior número de informações com que vai tecer a sua teia literária. O uso do caderno é habitual. Há quem, diante do projeto de escrever um novo livro, compra alguns deles. Enche o primeiro, o segundo, até sentir o momento em que pode, enfim, dar o próximo passo. Nesse sentido, fica sempre com o binômio analógico-digital. Primeiro, anotações feitas manualmente. Depois, a organização e redação, por meio do editor de texto.

Durante muito tempo, Simenon fica pensando no assunto. Pensa no próximo trabalho, ainda desorganizadamente. Fala sobre ele como algo que está em pleno andamento (não está?). Em geral, mantém vários projetos na cabeça, em fase de amadurecimento, enquanto prossegue na pesquisa, *in loco*, e nos mais diferentes ambientes.

Pouco a pouco, organiza, com muita paciência, todo o conjunto de elementos coletado aqui e ali, como quem monta um complexo quebra-cabeça. Em geral, são apenas apontamentos, matéria bruta sobre a qual vai trabalhar até que chegue a um texto.

Enquanto escreve, lá fora o mundo continua em sua louca jornada. Tudo isso interfere no seu trabalho, nem sempre de maneira positiva. Talvez isso seja um bom motivo para a elaboração de um plano prévio, um esquema do texto a ser construído. Isso, ainda que se disponha da obra esquematizada. O plano garante que não haverá dispersão, evita inseguranças e surpresas indesejáveis, como disse. Até mesmo para mudar, é preciso ter de onde partir.

Penúltima etapa, talvez a mais desafiante de todas: escrever a primeira versão do texto, com o compromisso de lutar contra a tentação de voltar atrás a cada nova frase redigida, para corrigir. Isso é pecado. Ela é feita a partir da consulta de todo o material coletado e obedecendo a um plano prévio. Primeiro o rascunho, depois as correções. Os grandes escritores fazem esse caminho.

Por fim, e só agora, começa o processo de edição, feito a partir do primeiro texto. É hora de mudar, inverter, cortar, sem dó nem piedade. Quase sempre eliminando, raramente acrescentando. Ter obsessão por limpar o texto, eliminar os excessos é uma prática saudável. Terminada essa fase, começa-se o segundo texto, nem sempre uma reprodução fiel da primeira versão. Com muitos cortes, ele fica mais sucinto, enxuto.

Essa etapa fica ainda melhor quando se dispõe de tempo necessário para que o texto passe pelo processo natural de amadurecimento. É ótimo quando o escritor pode se distanciar tempo suficiente para enxergar o que, no calor da hora, passou batido. Só então retoma o trabalho, agora não mais na condição de artista, criador, mas de juiz. Primeiro o rascunho, depois o polimento. Se o resultado final não agrada, o melhor a fazer é parar e mudar para algo diferente. E então, quando o texto está pronto, chegou a hora de uma nova revisão, um trabalho de vocabulário – pinçar e substituir palavras com sentido meramente aproximado para que deem lugar às palavras exatas. Investir no substantivo.

A elaboração, esse ato de amor, requer disciplina. Chega um momento em que o livro aparece. Hora de colocar-se em clima de trabalho. Hora de virar operário da ideia e da palavra. Tem hora pra tudo. Até mesmo para as refeições, por que não? "Meu texto, às vezes, é muito elaborado, escrevo e reescrevo. A busca da palavra ideal é difícil, é um ofício difícil. É difícil escrever: é o que eu posso dizer. É difícil escrever como é difícil viver", lembra Lygia Fagundes Telles.

TEMA. A IDEIA QUE SUSTENTA O BOM TEXTO

Tema é a resposta mais resumida possível à pergunta "Sobre o que é o texto?" Definir o tema equivale a definir a ideia que vai sustentar a construção do texto.

Nizan Guanaes, um dos publicitários brasileiros mais criativos de que se tem notícia, insiste em que, na propaganda, o elemento mais importante é a ideia. E a ideia é o tema. Não só na propaganda.

Ação, aventura, suspense, drama, comédia, tudo requer um tema para se tornar viável como obra de ficção. Livros, peças, filmes, material publicitário, qualquer tipo de história, todos têm um tema.

Não importa se a ideia é fazer algo com o propósito de vender, de ser divertido ou emocionante. Qualquer que seja a intenção, é preciso contar com uma linha temática que ligue os elementos dispersos da história, transformando-a num todo com unidade, coeso.

A ausência de um tema prévio cria uma equação que o leitor deverá resolver. Ele terá de descobrir a ideia sobre a qual se apoia o texto, esforço do qual deve ser poupado. Não é elegante agir assim com quem destina uma parte do seu tempo a percorrer o nosso trabalho.

Escrever sobre uma pintura sem antes definir, por exemplo, que o tema da mensagem será "cor", dificulta o trabalho de quem redige – falta-lhe uma ideia. E não facilita em nada a tarefa do leitor, sem um tema que o apoie na compreensão do conteúdo.

Felizmente, tudo pode ser transformado em tema, basta que se autorize o funcionamento da criatividade. E não existe tema que o público rejeita, o que existe é falta de cuidado no tratamento do tema escolhido.

No entanto, há dificuldades no caminho. Por exemplo, escritores muito jovens, que não conhecem a si próprios, frequentemente não sabem o que dizer e qual tema escolher para passar seu recado. Nesse sentido, ter consciência da causa pela qual julga que vale a pena lutar facilita a definição do tema. Ora, essa causa não é algo passageiro, coisa de momento. Em geral, ela permanece por toda a vida do escritor, assumindo outras formas.

Imagine um escritor que tenha na promoção da paz a sua filosofia maior. Sem dúvida, o tema da paz estará presente, desse ou daquele jeito, em tudo o que escrever. Isto é, o tema encontrado um dia, sabe-se há quanto tempo e por que motivos, o acompanhará até a última palavra que colocar no papel, seja numa carta ou numa tese acadêmica. E isso vale para todo e qualquer tema. Nas obras de todo escritor em que o nível de compromisso se revele com mais clareza, encontraremos temas que se repetem.

A definição do tema passa pela questão dos valores, da maneira como o escritor encara a vida, as pessoas, tudo pelo qual acredita que vale a pena lutar. O escritor se utiliza do texto e da imagem para demonstrar como pensa, sente, interpreta essas questões. São eles que o determina, em última análise.

Para Jorge Luis Borges, por exemplo, a ética é um tema fundamental. E tudo indica que essa preocupação era parte da sua natureza, o que o dispensava do trabalho de fazer qualquer esforço para encontrar a ideia que seria tema de seu próximo trabalho. Com esse critério em mente, ele selecionava e organizava os elementos da história, transformando-a numa narrativa.

Como vimos, por sustentar a construção, o tema facilita o trabalho do escritor e o entendimento da mensagem por parte do leitor, colocado diante do que é o seu universo linguístico e suas experiências.

Que ideia o escritor usará para transmitir suas emoções, sua raiva, sua indignação, seu fascínio?

Mas o tema também se modifica, e isso acontece à medida que o texto vai sendo construído. O ideal é que ele seja claro desde o início e assim permaneça ao longo de todo o trabalho de criar e escrever.

O maior desafio está em escolher um tema que seja facilmente compreendido pelo público-alvo e, ao mesmo tempo, de fácil manuseio pelo escritor. Ora, isso não é fácil, sobretudo quando falta vivência – escrever é ter algo relevante a dizer – ou se existe a rejeição por determinados assuntos. Um exemplo disso é o que acontecia com Hemingway, que na maioria das vezes se esquivava de falar sobre sua família.

Nem sempre o encontro do tema acontece sem um bom trabalho de garimpagem. Encontrá-lo significa encontrar a ideia, e isso pode exigir mais trabalho do que se imagina. Sem ideia não existe texto com qualidade. Afinal, é ela que distingue um bom e um mau texto.

Para os escritores jovens, em geral essa tarefa se mostra um tanto difícil. Uma vez que não dispõem de um repertório suficiente de causas nas quais acreditam e de outras em que não vale a pena investir tempo e energia, não encontram com facilidade uma ideia sobre a qual trabalhar. Falta-lhes uma causa, uma indignação talvez. De novo, a solução para este problema pode estar em escrever sobre algo vivido na infância ou adolescência, fatos ainda presentes, fresquinhos na memória, com todas as suas cores e sabores. Quem sabe não estará escondida aí a pequena grande causa a ser defendida, disfarçada em acontecimentos aparentemente sem maior importância.

Alguns escritores se saem bem ao falar da própria infância, que conhecem o suficiente para que tomem como matéria-prima, ou de alguma fantasia, quem sabe. Pena que, na maioria das vezes, eles abandonam o trabalho literário depois dessa experiência, sem conseguir repeti-la com sucesso.

Quando, afinal, bater o martelo, definindo que um tema pode ser aproveitado? Quem procura um critério único, uma regra fixa, não os encontrará. O que existe é a matéria a respeito da qual se vai escrever. Um tema inicialmente inadequado pode se revelar com grande potencial para traduzir a mensagem que desejamos enviar ao leitor. Tudo é uma questão de exercer a criatividade, isto é, deixar que as ideias, as conexões, às vezes inesperadas, aconteçam e nos surpreendam.

Para identificar o tema, comece pela análise da estrutura da história. Depois verifique se as escolhas feitas ajudam a comunicá-lo. Muitos escritores e produtores buscam material para filmes em livros e peças de teatro, justamente por se tratarem de fontes que possuem temas mais profundos, complexos e singulares do que em muitos roteiros.

Para encontrar o *eureca!*, Rachel de Queiroz costumava ler enquanto escrevia ou esperava que a ideia aparecesse. Isso podia levar horas. Ensaios, crônicas antigas, escritas pelos portugueses por volta de 1500. Rachel afirmou: "A linguagem é riquíssima. Lendo Fernão Lopes é que se pode verificar que grande língua seria a nossa se os portugueses tivessem dado certo". Ela confessou que demorava para começar, mas depois dessa primeira fase, tudo caminhava a passos rápidos. É como se tivesse apenas de colocar no papel um conjunto de ideias que já se encontravam cristalizadas, esperando pelo momento de se converterem em frases, capítulos, uma obra inteira.

Um texto, para ser de fácil compreensão, não se perde no tema escolhido, que deve funcionar apenas como acessório.

Affonso Romano de Sant'Anna lembra que às vezes escolhia o tema com antecedência, e depois redigia, a fim de descobrir por quais caminhos aquela ideia o levaria. Lembrete: fique atento para que o excesso de concentração no tema não prejudique a forma. Evite extremos, portanto.

FRASE. SENTENÇA. PARÁGRAFO. TUDO PELA UNIDADE

O texto é o resultado de um conjunto de *sentenças*, também conhecidas pelo nome de *frases*, unidade que expressa, de maneira sucinta, uma opinião, pensamento, percepção. Ela tem um sentido completo, expresso numa unidade mínima de comunicação. Pode ser composta de uma ou de várias palavras. Juntas, as frases compõem o parágrafo. E juntos, por sua vez, resultam na construção final do texto.

Se o texto fosse uma casa, os parágrafos seriam cada um dos seus cômodos, diferentes espaços para o convívio de ideias, separados por meio de portas que unem um e outro sem, no entanto, confundi-los. A origem da palavra está no grego *paragraphos*, "marca à margem de um texto para marcar uma mudança de sentido". É um conjunto de frases que expressam um só pensamento ou uma ideia central.

O parágrafo é composto de três partes: na *Introdução*, ou tópico frasal, está resumida toda a ideia do texto. O *Desenvolvimento* cuida de explicar o tópico inicial. Por fim, a *Conclusão* encerra esta ideia e prepara o leitor para a continuação do texto. São essas três partes que garantem a sua coerência.

Usando o recurso da linguagem cinematográfica, pode-se dizer que o parágrafo é o equivalente à mudança de ângulos de câmera. Frequentemente, cada mudança de parágrafo representa uma ligeira mudança de ponto de vista.

Uma das tarefas do parágrafo é avançar para algum tipo de clímax, a pequena tomada de fôlego que nos leva ao parágrafo seguinte.

Detalhe final: do ponto de vista de layout da página, um enorme bloco de palavras impressas tende a assustar o leitor, provocando certa sensação de asfixia. Lembra algo trabalhoso de ser enfrentado. Por isso, para que o texto fique arejado, recomenda-se quebrar os parágrafos longos em dois.

RASCUNHO. SINTA-SE À VONTADE

Rascunho. Rabisco. Qualquer coisa escrita sem compromisso com o estilo. Sem edição. Material que se presta ao aprimoramento. Sem ele, que é o início do texto na sua versão primitiva, como seguir em frente? O que melhorar?

A palavra vem do espanhol *rascuño*, "arranhar, riscar" – este era o seu significado inicial. Depois passou a referir-se a "esboçar, fazer os traços iniciais de uma obra". É o delineamento de qualquer escrito, o esboço, ou minuta.

Primeiro escreva o rascunho, para conhecer o assunto. Depois faça a revisão, para desenvolver ou melhorar a ideia encontrada. Não queimar etapas, eis o segredo.

Na redação, como em tudo o mais, é sempre uma questão de começar. De posse do material, pouco importa qual seja ele e o nível de organização em que se encontra, o escritor começa a trabalhar, dar corpo ao seu texto. Se no meio do caminho surgirem novos elementos, eles podem ser incorporados. É a partir daí que se começa a criar, a formar uma história.

Para garantir o sucesso dessa nova fase, escreva como se tivesse de tirar o pai da forca, rápido, para não perder o fluxo das ideias. Imagine que você está com amigos, no restaurante, e começa a contar uma história, relatando algo da sua vida, ou comentando um fato recente. Você interromperia a fala, a toda hora, e voltaria atrás para revisar o que disse? Como escritor, e para não cansar o leitor, apenas siga em frente. Depois, e só depois, você deverá voltar atrás, reler, revisar, corrigir, mudar, alterar, cortar, acrescentar, começar tudo de novo... Depois. Não enquanto escreve.

AIDA. HARMONIA NA CONQUISTA DO LEITOR

Não, não estamos falando da ópera de Giuseppe Verdi, muito conhecida. Nosso tema é a fórmula que contribui para o brilho do espetáculo da venda de uma ideia, pouco importando seu estilo literário ou a mídia a ser utilizada.

Como já fizemos na primeira parte, aqui acontece um novo empréstimo. O modelo AIDA está sendo emprestado do marketing, mais precisamente de uma de suas atividades, a propaganda. Trata-se da prática de, na mensagem, despertar a Atenção do leitor, criar Interesse em conhecer melhor o que está sendo apresentado, produzir a sensação de Desejo de posse e, por fim, conduzi-lo à Ação de aderir.

Ela usa técnicas modernas de comunicação. Ao longo da história, mostraram-se eficientes pela capacidade de construir marcas fortes, como a de um refrigerante chamado Coca-Cola. Isso se nos limitarmos a um exemplo muito conhecido no âmbito restrito do planeta Terra, onde figura entre as marcas mais valiosas. Saiba um pouco mais cada um dos quatro elementos da AIDA.

Obtenha a atenção. Isso é interessante

Esta é a primeira tarefa de um texto. Se ele não chegar a esse resultado, pouco adiantará o número de pessoas que verão a mensagem. Ela vai fazer barulho, como um sino, mas ninguém se disporá a mudar o trajeto para saber o que está acontecendo.

O problema é que as pessoas ouvem alarmes a todo momento. Com tanta experiência acumulada, já aprenderam a relativizar seus apelos. Além disso, considere que muitos leitores folheiam jornais, revistas, livros, acessam as redes sociais sem dedicar toda a atenção ao que está escrito.

Você está falando com seres humanos que vivem a correria dos tempos modernos. A maioria das pessoas realiza outras tarefas enquanto está diante da mensagem escrita. O índice de dispersão, motivado pelo alto nível de ruídos – não apenas sonoros –, é muito grande.

Fechado um caminho, temos de abrir outro. Lançar mão de toda a nossa habilidade para despertar a atenção do leitor. Usar muita imaginação, a começar pelo título, e depois no texto – não foi por acaso que a primeira parte desta obra ocupou-se do tema *Criatividade*.

A tarefa pode parecer mais difícil do que imaginamos. Felizmente dispomos de muitos recursos para chamar a atenção:

- Falar de algo inédito.
- Mostrar que sua proposta realmente é inovadora e interessante – é tudo uma questão de como as pessoas percebem o que você diz.
- Dar ao leitor a certeza de que ele só tem a ganhar se decidir pela continuação da leitura.
- Destacar uma vantagem especial.

≥ Falar de coisas que mexam com seus desejos mais profundos – assim, você o mantém preso ao texto, fazendo-o chegar até a última palavra escrita.

Em tudo, faça com que o leitor sinta que está caminhando ao seu lado, movido pela mais livre opção de seguir seu raciocínio, tão convincente e interessante. Como dissemos, não é outra a técnica utilizada pela propaganda, e todos sabemos o quanto ela funciona.

Mas tome cuidado: os meios não devem atrapalhar os fins. Não faça a mensagem elaborada de tal maneira que a atenção acabe desviada para a forma. Afinal, o que desejamos é que o leitor seja atingido pelo conteúdo. Os recursos para chamar a atenção devem conduzi-lo para a próxima etapa: atrair o interesse.

COMO CHAMAR A ATENÇÃO

Use de malícia para manter as pessoas lendo. Sirva-se de palavras que despertem emoções. A teoria do posicionamento, sistematizada por Al Ries e Jack Trout no livro *Posicionamento: como a mídia faz sua cabeça*, fundamenta-se no uso das emoções, a melhor de todas as razões para justificar uma ação.

Ao mesmo tempo, use palavras e frases de ligação (ganchos) nos finais e começos de sentenças. Embora tenhamos aprendido que iniciar uma frase com "mas" seja inadequado, convém lembrar que não existe palavra mais forte do que essa para começar. Quase insignificante, ela tem o poder de anunciar um contraste total com o que veio antes, o que leva o leitor a se preparar para a mudança.

Prefira os parágrafos curtos. A regra é igual para a redação de sentenças: quanto mais curtas, mais fáceis são de ler e de entender. Portanto, não use três palavras se uma pode resolver. Sintetize.

Fuja do estrangeirismo pomposo, tão em voga nestes tempos de globalização. A melhor evidência de cultura está em demonstrar um repertório suficiente para falar a linguagem do receptor e ser compreendido por ele.

Por fim, use tabelas e gráficos quando transmitir informação complexa, e divida a proposta ou a ideia visualmente.

Atraia o interesse. E provoque o desejo

O interesse fala todas as línguas. Mas a tarefa de atraí-lo é mais difícil do que parece. No entanto, é possível resolver o problema.

Aqui está uma chave. Usamos a palavra mágica: problema. É isso mesmo, as pessoas têm problemas. E o que é mais importante é que nossa vida consiste no movimento de *resolver* problemas.

As pessoas têm necessidades e desejos que devem ser satisfeitos, resolvidos. E, se o nosso objetivo é atrair o interesse, a linguagem deve estar em sintonia fina com as experiências e atitudes do leitor-alvo, bem como de seus grupos de referência. Para que o texto fique persuasivo, forneça evidências que convençam o leitor. Contar com o endosso de celebridades pode ser uma grande ideia.

Se puder, recorra a testemunhos, mostrando ao leitor que outras pessoas – com necessidades similares às dele – aprovam sua proposta. Ou faça comparações que evidenciem a importância do que está afirmando.

Se aniquilarmos o desejo, matamos a vontade de agir, isto é, de viver.

Comparados ao número de necessidades, nossos desejos são incontáveis. Sem paixão não existe ação. Resultado: a morte.

Quem comprova este pensamento é Jonathan Swift, quando afirma que "A filosofia estoica, que consiste em suprimir a necessidade suprimindo o desejo, te aconselharia a cortar os pés para não precisar de sapatos". Pergunta-se: isso faz sentido?

Olhe bem para a palavra *desejo*. Observe que ela tem duas letras "e". O primeiro deles remete à ideia de *emoção*. As pessoas não enfiam a mão no bolso por questões intelectuais, mas principalmente por razões emocionais. Quer razão mais forte do que a emoção?

O segundo "e" fala de *entusiasmo*. Pinte imagens enquanto avança, levando o leitor a acompanhá-lo. Isso é posicionar sua ideia da maneira como deseja que ela seja percebida. Como já afirmamos, tudo se resolve na mente do leitor, não em outra área.

Indo do conceito para a prática, percebemos que o que até aqui era apenas o ato de estar em sintonia com uma mensagem, agora deve transformar-se em movimento interior de desejo de posse.

Convença o leitor. Mostre que você oferece exatamente o que preenche as necessidades que ele tem naquela área específica. Afinal de contas, sempre esperamos contar com alguém que nos ajude a fazer o melhor e a desempenhar nossos papéis da maneira mais adequada possível.

Como dizem McCarth e Perreault em *Marketing essencial*, "alguns especialistas acham que uma mensagem publicitária deve focalizar uma *proposição única de venda* que vise a uma necessidade insatisfeita importante. Isso pode ajudar a destacar uma marca – e a posicioná-la como especialmente eficaz em atender às necessidades do mercado-alvo". Citando um exemplo, ele lembra que "a Wrigley desenvolveu uma série de anúncios destinados a fumantes – sugerindo que sua goma de mascar é boa substituta quando não é permitido fumar".

Esse é um exemplo tirado da propaganda e que pode ser traduzido, ou seja, relido e aplicado ao esforço de "vender", por escrito, uma ideia ou projeto. Se pretende convencer alguém a respeito de alguma coisa, fale do diferencial que ela oferece e que a torna melhor do que as demais.

Leve à ação. Afinal, é preciso chegar lá

Para avaliarmos a importância da ação, basta lembrar que é ela quem transforma sonhos em realidade, arranca projetos presos ao papel e os transforma em cidades. Move o homem em busca de seus objetivos. "De que serviria ao homem acumular montanhas de trigo, carvão, petróleo e todos os metais se tivesse a infelicidade de perder o gosto pela ação, isto é, o desejo de se tornar cada vez mais homem?", pergunta Pierre Teilhard de Chardin, um dos mais importantes e polêmicos teólogos que a Igreja produziu.

Se o pensamento ou o conhecimento não levar à ação, nada aconteceu – o objetivo da comunicação não foi atingido. Ora, a mensagem – informações, fatos etc. – deve atingir os sentidos da pessoa e ser aceita como parte de sua estrutura cognitiva.

Entrando na conversa, McCarth e Perreault acrescentam que obter a atenção é necessário para tornar os consumidores conscientes da oferta da empresa. Ao mesmo tempo, atrair o interesse dá à comunicação a chance de desenvolver o interesse do consumidor pelo produto ou serviço oferecido. Despertar o desejo interfere no processo de avaliação, e talvez desenvolva a preferência do público-alvo. Por fim, a tarefa de levar à ação inclui conseguir a experimentação, uma etapa que pode levar à decisão de compra.

Independentemente do que se diga, ao escrever, você espera que o maior número de pessoas se disponha a comprar suas ideias. Isso nos leva a acreditar na viabilidade de aplicarmos as regras do marketing, uma delas transcrita há pouco.

Pesquise e descubra as necessidades insatisfeitas do público, seja ele formado por pessoas físicas ou jurídicas. Apele para essas necessidades. Dê as desculpas de que o leitor precisa para aderir à proposta embutida no relatório, anúncio, pedido de emprego, proposta de prestação de serviço, ensaio ou seja qual for o texto produzido.

Mostre que aceitar suas ideias é sinônimo de decisão certa, inteligente. Tranquilize o leitor. Se ele se sentir seguro, essa emoção será transmitida às outras pessoas de seu círculo de relacionamento.

Estamos supondo que você se saiu bem até aqui. Por isso advertimos: não perca todo o trabalho, justo agora que está próximo do momento de romper a faixa da vitória. Ajude o leitor a dar o passo final: não mais pensar apenas que pode ter suas necessidades atendidas, mas agir para tomar posse efetivamente. Numa palavra, experimentar.

Com frequência lemos textos que despertam o interesse do leitor. Nisso, eles são brilhantes. Pena que, quando chegam ao fim, simplesmente morrem, desaparecem. Não dizem o que deve ser feito em seguida, isto é, como transformar aquele desejo em ação concreta.

A propaganda, que tantas vezes nos serve de exemplo de texto criativo e convincente, também erra quando se trata de levar à ação. Aqui podemos nos lembrar de alguns anúncios veiculados pelos bancos. Com frequência, omitem informações importantes para o cliente sobre o que fazer, na prática. Agindo assim, levam o leitor a perder um tempo do qual não dispõem, sentindo-se desrespeitado pelo anunciante. Já que estamos no assunto, não custa lembrar o resultado de tudo isso: a compra é adiada. A mensagem deveria informar exatamente o que deve ser feito, como, quando, onde, e o quanto é fácil realizar o que propõe. Dar instruções claras, sobretudo apresentando motivos para que ele aja depressa.

Wurman adverte para o fato de que testar a comunicação inclui o envio de uma mensagem, fazer o receptor compreendê-la, interessar-se por ela e recordar seu conteúdo. Para ele, nenhuma outra forma de avaliar é importante ou válida.

Pensando nisso, sugerimos uma lista de palavras e expressões que podem servir como alavanca para tirá-lo da inércia. Uma delas será exatamente a que mais bem representa o objetivo do texto que você vai escrever. São elas:

- Analisar
- Apresentar
- Avaliar
- Classificar
- Coletar
- Comparar
- Comunicar
- Construir
- Contrastar
- Criar
- Criticar
- Definir
- Descobrir
- Descrever
- Explicar
- Fazer
- Identificar
- Imaginar
- Interpretar
- Justificar
- Listar
- Observar
- Ordenar
- Organizar
- Prever
- Provar
- Pular
- Reconhecer
- Relatar
- Rememorar
- Reorganizar
- Resolver
- Resumir

BRIEFING DE CRIAÇÃO

Novamente estamos no setor publicitário para remexê-lo. De lá vamos emprestar novos conceitos e buscar ferramentas que trabalharão em favor de um texto mais criativo, interessante e eficiente.

Mesmo não estando a serviço de uma agência de propaganda, você pode servir-se de um instrumento utilizado por ela na obtenção de resultados. Trata-se do *briefing* de criação.

Assim como a formiga da história que contamos algumas páginas atrás não estava sobre a mesa com o propósito de auxiliar o escritor, mas o ajudou na produção do trabalho, podemos lançar mão de ferramentas utilizadas por outros setores quando elas representam uma ajuda efetiva. É só uma questão de "ter olhos de ver", como ensina o artista plástico João Alberto Tessarini.

O *briefing* representa um grande auxílio. Pode ser comparado à estrada que se estende à nossa frente para que não corramos o risco de nos perder na viagem. Também pode ser visto como as margens do rio, que mantêm a água no seu curso e contribuem para que ele chegue ao destino, em vez de se transformar em mero alagamento. Quantas gavetas, quantos arquivos conhecemos, alagados de informações desconexas, que raramente serão transformadas em texto? Em geral, porque falta *briefing*.

Ele permite que as ações de comunicação, realizadas por meio de cada texto, contribuam para que os objetivos sejam atingidos. Para que isso aconteça, devemos estar de posse de um conjunto adequado de informações. Siga o roteiro que proponho, testado à exaustão e aprovado sem sombra de dúvida.

Fato principal. Conte-me tudo

Trata-se do motivo que levou você a sentir a necessidade de escrever o texto.

Quando está diante do dentista, a primeira providência tomada pelo cliente é passar-lhe o *briefing*. Em outras palavras, ele conta o problema e sugere possíveis soluções, de acordo com seu ponto de vista.

O dentista quer saber ao certo o que o levou até o consultório e como poderá servi-lo. Suponhamos que, ao fornecer o *briefing*, esse cliente diga que há tantos anos não faz manutenção de seus dentes. O que ele acaba de dizer nada mais é do que o fato principal, de maneira muito resumida.

Para responder adequadamente à pergunta, o cliente procura dar o máximo de informações. Toma o cuidado de ser o mais preciso, a fim de não comprometer o entendimento por parte do profissional e, devido a isso, gerar uma prestação de serviço inadequada às suas necessidades.

Ora, o *fato principal* aponta, portanto, um problema, que leva o escritor à necessidade de escrever.

Problema que o texto deve resolver. Tudo vai ficar bem

Antes de entrar no assunto do ponto de vista externo, vale a pena gastar um tempo com ele no aspecto interno, isto é, na perspectiva da pessoa que vai resolvê-lo. Nesses casos, a tranquilidade é essencial.

Quando falamos em problemas, a reação geralmente não é das melhores. Não temos nenhuma simpatia em relação a eles. A palavra leva a pensar em situações insolúveis, frustrações potenciais que nos aguardam para nos tomar de assalto, surpreendendo-nos a qualquer momento.

Mas, ao mesmo tempo, um problema aparece porque já estão presentes todas as condições para que ele seja resolvido. A ideia é confirmada por outro pensador, Krishnamurti, que nos tranquiliza ao lembrar que se realmente entendemos o problema a resposta virá dele, já que a resposta não está separada do problema.

Convém lembrar que o *problema que o texto deve resolver* nasce do *fato principal*, e está diretamente relacionado com ele. Portanto, comece por defini-lo claramente. Todo problema bem resolvido é fruto de uma boa definição de suas causas e do estágio em que ele se encontra.

Fato principal: dor de dente. Problema a ser resolvido: voltar a sentir alívio permanente e ter vida normal. Em resumo, é isso.

Objetivo do texto. O que o leitor deve fazer?

Ao definir o objetivo do texto, não vale a resposta "resolver o problema". Por ser muito genérica, ela não delimita exatamente aonde se pretende chegar. Isso o impede de ter um caminho definido para levá-lo até lá.

Neste momento do trabalho você não deve dizer o que pretende fazer, mas o que espera que o leitor faça depois de ler sua mensagem – aqui está o grande segredo. Em outras palavras, é preciso evidenciar a maneira como espera que o leitor *re-aja,* que comportamentos quer que ele mude. Com esta afirmação, deixamos claro que você estará falando sempre do leitor, nunca de você. Hugh Mackay lembra que o que determina o sucesso da comunicação não é o que a mensagem faz do público-alvo, mas o que o público-alvo faz a partir dela. Segundo Mackay, quando nos referimos a uma mensagem poderosa, falamos do poder que ela tem de provocar uma reação. "A comunicação ocorre quando a audiência faz algo com a mensagem. A audiência detém o poder de interpretar a mensagem. Em termos de comunicação, esse é o poder supremo" – diz. (*A propaganda impressa do século XXI* – Jim Aitchison).

Para atingir o objetivo, você precisa alterar atitudes e crenças do leitor, mudar o ponto de vista dele em relação ao que você apresenta. Sem dúvida, essa tarefa não obterá êxito a menos que sejamos especialistas em gente, essa categoria de seres que se caracteriza sobretudo pela imprevisibilidade.

É isso mesmo. Precisamos saber como funciona a cabeça e o coração do bicho homem e ter uma visão muito clara dos verdadeiros motivos que o levam a agir. A esse respeito, veja o que disse a publicitária Christina Carvalho Pinto, em palestra realizada no jornal *Folha de S.Paulo,* quando falava sobre o processo criativo: "Fazer criação publicitária nos obriga a estudar a alma humana. Isso é fascinante. A melhor coisa na publicidade é criar pontos de empatia entre marcas e pessoas, porque ambos têm vida própria. A magia dessa ponte é a essência de nossa profissão". Tudo isso vale para o escritor, não importa sua área de atuação.

Ainda bem que nossa inteligência nos permite captar essas técnicas vencedoras – como as da propaganda – e adaptá-las a nosso contexto, pois aparentemente elas são restritas a uma área profissional distinta da nossa. Foi isso que fez Gutenberg, gênio que se permitiu acreditar que o instrumento utilizado para a fabricação de vinho poderia ser adaptado ao intento de imprimir textos em papel. Isso mudou a história, que foi dividida em antes e depois da invenção da imprensa.

Necessidades e desejos humanos

Embora falando de um contexto diferente do nosso, a afirmação de Goethe é pertinente: "A lei é poderosa, mais poderosa porém é a necessidade".

Olhemos para o mesmo assunto com os olhos do marketing – de um jeito ou de outro, estamos sempre realizando uma "venda". Na definição de Philip Kotler, em *Administração de marketing*, "uma necessidade humana é um estado de privação de alguma satisfação básica. A pessoa precisa de alimento, vestuário, moradia, segurança, afeição, estima e algumas outras coisas para 'sobreviver'". E Kotler adverte para o fato de que essas necessidades não são criadas pela sociedade ou por homens de marketing, porque simplesmente fazem parte da biologia e da condição humanas.

Conforme o especialista, desejos são necessidades mais profundas. E exemplifica:

> Um americano precisa de comida e compra um hambúrguer; precisa de roupas, compra um terno Pierre Cardin; precisa de estima, compra um Cadillac. Em outra sociedade, essas necessidades são satisfeitas de modo diferente. O balinês satisfaz a fome com mangas, suas necessidades de vestuário com uma tanga, sua estima com um colar de conchas.

E conclui lembrando que enquanto as necessidades das pessoas são poucas, os desejos são muitos, constantemente alterados por forças e instituições sociais, tais como igrejas, escolas, famílias e empresas.

Reconhecemos a eficiência da comunicação ao perceber que ela se direciona para as necessidades e desejos do leitor, seja ele uma pessoa ou organização. A pessoa criativa enxerga com mais facilidade as carências que estão espalhadas por aí, como na relação abaixo, e procura ao menos indicar o caminho para atendê-las. Porque sabe que pessoas e empresas desejam, ao menos...

Aproveitar oportunidades ⇌ Brincar|ter humor ⇌ Competir ⇌ Conformar-se ⇌ Conquistar: abrigo ⇌ aceitação ⇌ admiração ⇌ afeição ⇌ afiliação ⇌ afirmação ⇌ alegria ⇌ alimento ⇌ amizade ⇌ amor|familiar|materno|próprio ⇌ apreciação ⇌ aprovação |social ⇌ atração ⇌ atualização ⇌ autoconfiança ⇌ autoestima ⇌ autoexpressão ⇌ autoidentificação ⇌ autorrealização ⇌ autorrespeito ⇌ autossatisfação ⇌ beleza ⇌ boa aparência ⇌ boa forma física ⇌ casamento feliz ⇌ companhia ⇌ conforto ⇌ conhecimento ⇌ cultura ⇌ defesa ⇌ desenvolvimento pessoal ⇌ dinheiro ⇌ distração|entretenimento ⇌

economia ⚡ eficiência ⚡ elogio ⚡ estima ⚡ excitação ⚡ fama ⚡ pertencimento a um grupo ⚡ hospitalidade ⚡ independência ⚡ instrução ⚡ liberdade ⚡ melhoria física e mental ⚡ moradia ⚡ mudança ⚡ participação ⚡ poder ⚡ popularidade ⚡ posses ⚡ poupança ⚡ prestígio ⚡ progresso ⚡ promoção social |profissional ⚡ proteção ⚡ realização ⚡ reconhecimento|como autoridade ⚡ relaxamento ⚡ respeito ⚡ romance ⚡ satisfação|da curiosidade ⚡ saúde ⚡ segurança|na velhice ⚡ simpatia ⚡ sociabilidade ⚡ solidariedade ⚡ *status* ⚡ superioridade ⚡ ternura ⚡ trabalho ⚡ Conservar os bens ⚡ Consumir ⚡ Controlar a própria vida ⚡ Coordenar os outros ⚡ Desabafar ⚡ Distinguir-se ⚡ Estar na moda ⚡ Evadir-se psicologicamente ⚡ Evitar: aborrecimento ⚡ agressão ⚡ constrangimento ⚡ crítica ⚡ depressão ⚡ desconforto ⚡ doença ⚡ dominação ⚡ dor| física ⚡ dúvida ⚡ embaraço ⚡ esforço ⚡ fadiga ⚡ ferimento ⚡ fome ⚡ medo ⚡ ofensa ⚡ perdas ⚡ preocupação ⚡ pressão ⚡ problemas ⚡ responsabilidade ⚡ retaliação ⚡ ridículo ⚡ riscos ⚡ sede ⚡ sentimentos de ansiedade ⚡ tédio ⚡ tristeza ⚡ Exibir-se ⚡ Expressar a personalidade ⚡ Influenciar ⚡ Integrar-se ⚡ Pechinchar ⚡ Preservar a família ⚡ Proteger: família ⚡ reputação. ⚡ Resistir à dominação ⚡ Ser: bom parente ⚡ bons pais ⚡ criativo ⚡ gregário ⚡ imitado ⚡ individual ⚡ único. ⚡ Sociabilidade ⚡ Ter: ambição ⚡ apetite ⚡ carreira profissional ⚡ curiosidade ⚡ espaço ⚡ estilo ⚡ família ⚡ filiação ⚡ higiene ⚡ identidade ⚡ lazer ⚡ liderança ⚡ lucro ⚡ ordem ⚡ orgulho ⚡ perseverança ⚡ prazer ⚡ propriedade ⚡ sexo ⚡ tempo|de lazer ⚡ vantagem nas compras ⚡ variedade ⚡ vestuário.

Estratégia criativa.
A guerra para conquistar o seu espaço na mente do seu leitor

Nasce da definição dos seguintes elementos:

- **público-alvo**: disponha de um perfil detalhado dos leitores e instituições ou organizações que pretende convencer com suas ideias;
- **concorrência direta e indireta**: quando se empenha em provar a alguém que seu ponto de vista é o mais adequado, lembre-se de que outros também estarão fazendo o mesmo; portanto, cuidado para não incorrer na ingenuidade de acreditar que a mente do leitor é um papel em branco, uma área jamais disputada; promessa: que benefício o leitor vai obter por aderir ao que você propõe? Como vimos, o egoísmo inerente à natureza humana faz com que mesmo as pessoas de bem estejam sempre pensando em si mesmas;
- **razão da promessa**: se tem algo a oferecer, obviamente deverá ter também uma boa razão para levar o leitor a aceitar seus argumentos.

A definição do perfil psicológico do grupo de leitores-alvo permite criar uma mensagem focalizada com precisão nas mentes que pretendemos atingir.

ESCALADA. NO JULGAMENTO DE UMA IDEIA, O VALOR ESTÁ ACIMA DE TUDO

O que é isso? Um instrumento criado por uma das maiores agências de propaganda do planeta para auxiliar na descoberta das verdadeiras razões pelas quais determinado público adere a uma ideia, tangível ou não. Na hora de definir o objetivo da comunicação, a escalada transforma-se num lança-foguetes que conduz o criador aos fatores mais motivadores do público-alvo.

Vamos exemplificar esse conceito abstrato. Aparentemente uma mãe compra determinado produto para o bebê porque aquele item parece seguro e de confiança, apenas isso. Na verdade, ela adquire o benefício de poder cuidar melhor do bebê e, com isso, sentir-se uma boa mãe. Assim, não seria exagero afirmar que a compra do produto será feita muito mais com base nesta última afirmação do que na primeira.

O processo é inconsciente. Por isso não é sequer admitido pela consumidora. O mecanismo interno, alojado em nossa mente, bloqueia o surgimento de tal consciência, já que o comportamento é socialmente reprovado, por ser considerado egoísmo. Isso não se aplica apenas a produtos, mas a ideias.

De um jeito ou de outro, todo leitor é um consumidor... de ideia. A mídia, seja ela qual for, é o local onde acontece o encontro do que o escritor oferece e a disposição do leitor para comprar, isto é, aderir – quem lê um relatório, decide se compra aquelas informações; quem lê um romance, abre-se, ou não, a determinada emoção. Algumas ideias o leitor recusa no ato, não servem. Outras, vão para o seu carrinho mental, emocional, para consumo imediato. E tem aquelas que viverão mesmo a experiência do esquecimento. Assim, quando ao apresentar uma ideia ou convidar o leitor a acreditar no que está sendo relatado, as chances de sucesso aumentam se, ao invés de argumentar a partir de meros atributos, houver o apelo adequado aos valores mais importantes para o leitor. Escrever com criatividade é lançar mão desses recursos também. Se alguém inventou um novo e eficiente recurso de persuasão, por que não usá-lo? Afinal, nenhum escritor quer ser esquecido, por descuido, às vezes na segunda página, ou nem isso.

CONCORRÊNCIA DIRETA E INDIRETA.
COM QUAIS IDEIAS VOCÊ ESTÁ COMPETINDO?

Novamente vamos tomar emprestado um exemplo típico do setor de marketing. Ele nos ajudará a compreender melhor o que acabamos de dizer.

Aqui não se trata apenas das ideias contra as quais você vai lutar. Se está vendendo bicicletas da marca X, seu concorrente não é apenas o fabricante Y, mas o próprio hábito e todo o incentivo dado às pessoas para que andem a pé. O mesmo critério vale para a disseminação de ideias, quer façam parte de um projeto, de uma dissertação, de um anúncio. Lembrando mais uma vez: você não está sozinho, tem mais alguém interessado em fincar raízes no mesmo terreno, e é possível que o espaço esteja pequeno para todos. Entendeu?

Logo ali atrás, falávamos que todo leitor é um consumidor de ideias. Mas, para quem escreve, isso não é nada tranquilo. Porque o mesmo leitor que "compra" uma ideia é aquele que, diariamente, é bombardeado por milhares de outras ideias, melhores, piores ou iguais às suas. A humanidade quer que ele se convença disso ou daquilo, e rápido. Todos querem um espaço na mente do leitor, brigam pelo seu posicionamento. Ingenuidade, nesse caso, é mortal. Fazer de conta que não existe uma guerra, às vezes sutil, travada por outros escritores, é querer entrar para a história da criação e veiculação de ideias como "Fulano de Tal, o Breve". Daí a importância de estar atento a uma questão fundamental: com quem você está disputando espaço? Quem é o seu concorrente? O que ele, escritor ou não, faz para levar o seu leitor a comprar o livro, jornal, revista etc., e, mais do que isso, as ideias que essa mídia contém? Sobretudo em tempos de mídias sociais, quando todos se tornaram comunicadores, no momento em que você decide dizer o seu parágrafo, milhares já se anteciparam com textos inteiros, muito bem articulados, para conquistar o sucesso no mundo editorial ou apenas no contexto empresarial – quando escreve, no ambiente corporativo, para o público interno ou externo, você está sendo escritor.

PROMESSA. MOSTRE AO SEU LEITOR NO QUE ELE DEVE ACREDITAR

É prudente refletir antes de prometer. Mais desejável ainda é cumprir o que foi prometido. O pensamento de Jean-Jacques Rousseau deveria servir-nos como alerta e motivo de autoanálise. Segundo ele, "o mais lento em prometer é sempre o mais fiel em cumprir". Não importam as mudanças que sacodem o mundo, o sucesso continuará sendo um direito daqueles que prometem algo significativo ao consumidor e, mais importante do que isso, cumprem.

Promessa, ou *plus*, esse é o nome do diferencial, aquilo que será oferecido a mais ao leitor e que representará sua vantagem competitiva.

Tecnicamente, o diferencial também é conhecido como USP. A sigla abrevia o conceito de *Unique Selling Proposition* ou, em português, Proposição Única de Venda. Há quem prefira falar em Proposição Emocional Única, no sentido de levar o leitor a acreditar que pode viver uma experiência única ao consumir aquele item.

Falar de promessa não é falar de características ou de meros atributos da ideia, uma vez que na hora de resolver problemas as pessoas buscam soluções travestidas de ideologias ou objetos. Mudam as formas, mas elas sempre respondem a propostas induzidas por dois motivos: ganhar o que não tem ou evitar perder o que possui.

Relacione os benefícios que a ideia trará ao leitor. Fale dos aspectos positivos. Destaque as vantagens que ele vai obter ao aceitar o que você propõe. Fale também dos aspectos negativos. Com bom gosto – evite o popularesco, pinte um quadro dramático, realçando os prejuízos e aborrecimentos que o leitor terá caso se decida pelo contrário.

Se sua ideia não possui uma característica que possa ser destacada, fale de algo que as concorrentes possuem mas sobre as quais não tomaram a iniciativa de falar. Em trecho citado em *A propaganda impressa do século XXI*, Mary Stow sugere que se você não tem algo novo a dizer, deve recorrer a um toque de novidade, "encontrar uma nova maneira de falar sobre o assunto, explorar um novo território emocional". Assim você se diferencia e sai na frente, isto é, posiciona sua proposta como líder na cabeça do leitor. Isso segue a linha sugerida por especialistas segundo os quais é melhor ser o primeiro do que o melhor, estágio que vem com o tempo.

Quando a concorrência acordar para o fato e tomar a decisão de dizer que faz igual ou melhor que você, descobrirá, desolada, que já é tarde. No máximo, conseguirá ser vista como imitadora do número 1 naquele assunto. (Que bom que o número 1 é você!)

RAZÃO DA PROMESSA. DÊ UM BOM MOTIVO PARA ACREDITAR

É a razão mais importante que você pode dar ao leitor para que ele acredite no que está lendo. Trata-se de uma declaração que suporta diretamente a promessa feita. É ela que vai ser a responsável pela geração de credibilidade, tão importante quando se pretende convencer alguém a respeito do que quer que seja. Não basta prometer, é preciso provar.

OBRIGATORIEDADES E LIMITAÇÕES. NEM TUDO É PERMITIDO

São quaisquer restrições ou imposições que precisam ser explicitadas. As obrigatoriedades e limitações geralmente se enquadram em categorias, como a de caráter legal ou espacial. Um exemplo que materializa o conceito é a delimitação prévia do espaço disponível para a inserção do texto a ser criado.

Há quem se rebele, com todo vigor, contra a presença deste item. Motivo alegado: ele mutilaria ou poderia até mesmo matar a criatividade do escritor. Melhor é deixar de lado a ideia de esbravejar diante dessas duas palavras que parecem duras demais. Ao contrário, lembre-se de que é ela, a limitação, que revela o talento. Afinal, quem não sabe limitar-se provavelmente não saberá escrever.

Vivemos em um mundo feito de espaço e tempo. Escrever um artigo para uma revista ou jornal começa com o conhecimento do espaço disponível e do prazo de entrega. Citamos apenas dois exemplos, mas toda a mídia vive em torno disso. É adaptar-se ou largar.

OS SEGREDOS DOS PROFISSIONAIS. BASTA APRENDER E USAR
Substantivo. Dê preferência à palavra exata

Um sábio chinês de um passado distante foi certa vez inquirido por seus discípulos sobre o que ele faria em primeiro lugar se lhe fosse dado o poder de acertar os negócios do país. Ele respondeu: "Eu certamente veria se a linguagem está sendo usada corretamente". "Não há dúvida de que este é um assunto trivial. Por que o senhor o julga tão importante?", perguntaram os discípulos. O mestre respondeu: "Se a linguagem não for usada corretamente, então o que se diz não é o que se quer dizer. Se o que se diz não é o que se quer dizer, então o que deve ser feito não será feito. E, se o que deve ser feito não for feito, a moral e a arte serão corrompidas. Se isso acontecer, a justiça desviar-se-á de seu rumo. Se a justiça desviar-se de seu rumo, então as pessoas ficarão perdidas dentro de uma confusão sem fim". (Adaptado de Confúcio.)

(Texto citado no livro *Bom senso em marketing direto*, escrito por Drayton Bird)

Nosso compromisso é um só: escrever de maneira que o leitor consiga compreender. O texto que tem o poder de mover o leitor é construído por palavras claras e fortes. E é fácil observar que todas elas são substantivos. Depois dos verbos, nada é melhor, para informar e convencer, do que os substantivos concretos. Ortega y Gasset, falando do ser humano, lembra que o substantivo é sua vida, e tudo o mais é adjetivo.

Um bom texto é construído sobre informações e conceitos exatos. Como na vida amorosa, parte-se do princípio de que é impossível alguém gostar do que não conhece.

Sabemos que a aceitação de uma ideia resolve-se primeiro na mente do leitor, o lugar por excelência onde será fixada. Se o texto não pintar uma imagem precisa do que está sendo proposto, pelo uso adequado do substantivo, o leitor poderá desinteressar-se dele.

Tal precisão está condicionada ao uso da palavra exata, jamais de uma expressão cujo sentido é apenas aproximado. É dela a tarefa de passar a ideia da maneira mais clara e objetiva. Se deseja caminhar por trilhas seguras na arte de escrever, prefira não dar nada por certo. Mark Twain lembra que a diferença entre a palavra certa e a palavra quase certa é a diferença entre o relâmpago e a lâmpada.

"Aspectos específicos são mais efetivos do que generalidades. Concentre-se em exemplos, títulos, nomes, até mesmo citações. Posicione os benefícios do produto como benefícios ao leitor – diga ao leitor o que está reservado para ele ou para ela", recomenda Joan Throckmorton, autora de *Propaganda de resposta direta – altamente vendedora*.

Inclua citações que comprovem o que diz. Para obter o melhor resultado nessa tarefa, empregue uma linguagem que tenha o perfil e o estilo do público que pretende atingir.

Por tudo isso que acabamos de dizer, fica evidente que o substantivo é a espinha dorsal do texto, o elemento que o faz parar em pé.

Conscientes de que ele é a substância, a essência da mensagem, só nos resta construir o melhor repertório. Sem essa variedade e riqueza, como escolher a melhor palavra? Voltaire lembra: "Uma palavra posta fora do lugar estraga o pensamento mais bonito".

Nosso dia a dia é feito de um desfile interminável de palavras usadas sem critério. Apenas para exemplificar, tomemos as palavras "cheiro", "aroma" e "perfume". Um bom dicionário não hesitará em deixar claro que há uma visível diferença de significado entre elas, ainda que envolta em certa sutileza.

Tomando outro exemplo, podemos perguntar o que quer dizer alguém que discorre sobre uma *chuva forte*. O que é uma chuva forte, afinal? E o que pensar quando lemos ou ouvimos afirmações dando conta de que determinado lugar fica *perto* ou *longe* do Rio de Janeiro? Deveríamos supor que se trata de Manaus? De Niterói?

Concluindo, observemos a falta de precisão dos boletins de meteorologia. Eles insistem em afirmar que teremos um dia com "tempo bom". Neste caso, pergunta-se: bom *para quem* ou *para quê*?

Se alguém afirma que determinado objeto de escrita é uma caneta, o leitor não tem como contestar a proposição. A partir do momento em que defende a ideia de que aquela é uma caneta bonita, adjetivando-a, abre-se espaço para contestações legítimas. Não seria de estranhar se o leitor reagisse à afirmação dizendo algo como: "Bem, esta é a sua opinião, não a minha. Para mim, esta caneta é feia".

Por um lado, é possível provar que um *objeto* é uma caneta, já que se trata de uma informação específica e concreta. Ao contrário, não temos como fazer o mesmo em relação à presença ou à ausência de beleza, por serem conceitos puramente subjetivos e condicionados a aspectos culturais.

Como nos anúncios classificados, as ideias e os argumentos mais fortes são construídos a partir de substantivos. Eles vão direto ao ponto, limitando-se a dar informações palpáveis sobre o que anunciam. Isso os torna campeões de objetividade.

Redatores sabem que só assim a ideia terá chance de ser aceita pelo público-alvo e que um estilo abstrato peca pela falta de consistência, podendo comprometer o resultado do trabalho. E "Os escritores também cultuam o bezerro de ouro do estilo e são mais facilmente seduzidos pelo tom literário do que pela escrita clara. Iris Murdoch disse certa vez que para sermos bons escritores temos de 'matar nossos bebês': cortar algo que achamos brilhante, por não estar no contexto ou não contribuir para o assunto", diz Richard Wurman, no já citado *Ansiedade de informação*. Ele continua: "Ora, deveríamos parar e planejar nossas instruções com mais reflexão. Deveríamos perguntar: "Quais os fundamentos desta explicação?"; "Como posso transmitir certeza para que os que seguirem as orientações saibam que estão no caminho certo?"; "Qual a linguagem que lhes permitiria compreender?".

Wurman faz referência ao fato de que absurdos nos são impostos sob o disfarce de informação. Automaticamente atribuímos certo peso aos dados, dependendo da forma como eles nos são transmitidos. Sem parar para questionar, acreditamos estar recebendo alguma informação. Seu exemplo preferido para ilustrar o que diz está nas receitas de culinária que recomendam "temperar a gosto" ou cozinhar "até ficar no ponto". Segundo ele, isso não diz muito. "Por que se dar ao trabalho de dizê-lo? As imposturas de informação são a matéria-prima da *administrativite*", conclui.

Mostre números exatos e apresente fatos específicos. Em vez de dizer que uma lâmpada é a mais econômica do mundo, fuja desse exagero. Ele justifica a perda de credibilidade da informação, possivelmente sua melhor parte.

Prefira dizer que, segundo testes realizados no Instituto XPTO, da Universidade X, ela foi considerada 5,7% mais econômica que as lâmpadas de sua categoria. Com isso, estará dizendo claramente de onde vem tal informação e que a lâmpada é a mais econômica, sim, porém se analisada dentro da própria categoria, o que deixa claro que você não praticou a "chutometria", nem pretende fazer do produto mais do que ele realmente é. O resultado é um texto honesto.

É claro que alguém pode questionar se o índice 5,7% não é muito baixo para servir como recurso argumentativo. Quanto a um aspecto, estamos de acordo: o número em si não chega a ser algo expressivo. Mas, se olharmos direito, veremos que existe algo realmente expressivo nessa informação. Ela é exata, transparente e merece crédito. Assim fica mais fácil acreditar e se deixar persuadir.

Saindo da área das hipóteses utilizadas no exemplo, veja o grau de exatidão contido neste anúncio classificado, publicado no jornal *O Estado de S. Paulo:*

> Empresa de construção necessita de engenheiro civil que tenha em seu *curriculum* atestado de Respons. Técnica c/ acervo técnico reg. no CREA dos seguintes serviços: Construção ou recuperação de pontes ou viadutos 8.000 m² – Concreto armado 5.000 m³ – fundação de pontes em estacas metálicas 1.450 m – Construção, reforma ou reforço da estrutura de pontes ou viadutos em aço especial 750 ton.

Talvez por isso Gabriel García Márquez prefira usar truques jornalísticos em seus textos literários. Ao menos é isso o que nos leva a pensar quando exemplifica: "Se você diz que há elefantes voando no céu, as pessoas não vão acreditar em você. Mas, se disser que há quatrocentos e vinte e cinco elefantes no céu, as pessoas provavelmente acreditarão em você. *Cem anos de solidão* está cheio desse tipo de coisa".

O escritor, que já nos serviu de referência em outras páginas, conta que essa era exatamente a técnica que a avó dele usava. Márquez recorda de maneira particular a história sobre o personagem que é rodeado por borboletas amarelas.

Quando pequeno, um eletricista ia à sua casa. Márquez ficava muito curioso com o fato de o tal homem ter um cinto com o qual costumava pendurar-se nos postes de luz. Lembra que sua avó dizia que, toda vez que aquele homem chegava, deixava a casa cheia de borboletas. Quando estava escrevendo isso, descobriu que, se não dissesse que as borboletas eram amarelas, as pessoas não iriam acreditar.

O escritor conclui com outro fato que ilustra as duas afirmações: ao redigir o episódio de Remédios, a bela, indo para o céu, demorou muito tempo para dar-lhe credibilidade. Um dia saiu do jardim e viu uma mulher que costumava ir lavar as roupas. Ela estava estendendo os lençóis para secar, e ventava bastante. A mulher discutia com o vento, para que não levasse os lençóis embora. Então Márquez descobriu que, se usasse os lençóis para Remédios, a bela, ela iria crescer. Foi o que fez para dar credibilidade ao que relatava.

Para Márquez, o problema para todo escritor é a credibilidade. Segundo ele, "qualquer pessoa pode escrever qualquer coisa, desde que seja possível acreditar nela".

Resumindo: as palavras podem ser comparadas a pequenos pregos com os quais prendemos nossas ideias. É por meio delas que dirigimos as pessoas. Quanto melhor as escolhemos, mais satisfatórios são os resultados.

Clareza. Até para ser obscuro

Camus faz uma advertência: "Aqueles que escrevem de modo claro têm leitores; aqueles que escrevem de modo obscuro têm comentaristas".

Pode parecer brincadeira, mas, ainda que opte por ser obscuro em seu texto, faça-o com a devida clareza. Esse é um dos pré-requisitos essenciais para que a comunicação produza o efeito desejado. As palavras simples são mais honestas justamente por não dar a impressão de esconder algo suspeito. Só quem não tem nada a esconder pode falar com tamanha transparência.

Este é um bom motivo para que rimas e trocadilhos sejam evitados, sobretudo em textos informativos, que não privilegiam o aspecto literário, apenas o técnico. Além de desviar a atenção do principal, comprometem a fluência do texto. O que queremos é que a pessoa se lembre da mensagem, não do trocadilho.

Por isso evite o excesso de envolvimento. Não arquitete quebra-cabeças nem espere que o leitor seja treinado na arte de adivinhar. Isso pode entretê-lo e desviá-lo do que é mais importante.

Clareza é sinônimo de credibilidade, um item cada vez mais procurado por pessoas de todos os lugares, bombardeadas diariamente por milhares de mensagens.

Citando Edward Tutfe, professor de Ciência Política e de Estatística da Universidade de Yale, Wurman diz: "Clareza, clareza, clareza. Você não consegue desenhar bem se não respeitar o leitor... Um bom trabalho de comunicação visual é como redigir bem. Clareza no desenho e complexidade na informação é o que conta – exatamente o oposto do mundo moderno".

O jornal *USA Today* lembra que Lee Iacocca, quando presidente da Chrysler Corporation, tinha um mandamento para a boa administração: "Fale claro e seja breve. Escreva do jeito que fala. Se você não fala assim, não escreva assim".

A falta de clareza não acontece por acaso. Existem basicamente três motivos que levam alguém a cometer esse "pecado":

1. estilo antiquado;
2. desejo de impressionar o leitor pelo uso de palavras difíceis e estrutura empolada;
3. dificuldade de pensar e organizar as ideias – o conhecimento do assunto em profundidade é condição essencial para o exercício da clareza.

É certo que uma mensagem mal escrita produzirá uma resposta... errada! Portanto, se você achar que o leitor precisará reler determinada sentença ou pedir algum esclarecimento adicional, mude o texto.

De nada adianta uma ideia ser clara e brilhante apenas para o redator. Escrever bem é, antes de tudo, a arte de comunicar bem, tomar comum a ideia. A propósito, leia este bilhete citado por Izidoro Blikstein no livro *Técnicas de comunicação escrita* e responda com segurança o que exatamente está sendo esperado de Maria.

> "Maria: devo ir ao Rio amanhã sem falta. Quero que você me *rezerve* um lugar à *noite,* no trem das 8 para o Rio".

Um texto assim leva qualquer um a se sentir inseguro a respeito do que deve fazer. Sim, porque *reservar* (com "s", e não com "z") não é o mesmo que *comprar.* "À noite" refere-se ao horário em que a secretária deve providenciar a reserva ou ao período em que o chefe deseja viajar? E uma última dúvida: "no trem das 8". Da manhã ou da noite?

E o "por favor" e o "obrigado", que não aparecem no texto? Eles não foram sequer lembrados pelo chefe, pouco afeito aos hábitos de civilidade em suas relações pessoais. O assunto, sem relação direta com o ato de redigir, entra na área escorregadia das boas maneiras e, por tabela, compromete a comunicação. Ou seja, a melhor ideia, escrita da maneira mais profissional, não produzirá o efeito desejado se não respeitar alguns padrões de convivência.

Por fim, convém lembrar que pensar com clareza é tarefa de redator que leva a sério o próprio ofício de escrever e respeita o leitor. Frases construídas com clareza não acontecem por acaso. Não dependem da sorte. Nascem apenas como resultado de uma boa dose de trabalho, muito empenho. Antes, durante e depois.

Adjetivo. A gordura indesejada do texto

Não é pecado usar adjetivo. Desde que o façamos como Graciliano Ramos, que se serve deste recurso para desnudar o objeto da sua escrita, e não como o principiante, que adjetiva para escondê-lo com uma massa de atributos.

O adjetivo debilita a linguagem. É preciso fugir da tentação, fácil, de inflar tudo para dar ares de importância além do que as evidências revelam. A propósito disso, David Abbott, em *A propaganda impressa do século XXI*, adverte, sem fazer rodeios: "Geralmente, quando se vê muita baboseira e palavras complicadas, é para camuflar a falta de uma boa e sólida ideia central".

Escrever bem é despir cada frase até que restem apenas os elementos essenciais. Qualquer coisa dita com muitos adjetivos acaba caindo no vazio. Arte mesmo é dizer tudo com substantivos, deixando os adjetivos para os casos de extrema necessidade. Portanto, encha suas frases com pedras, metais, cadeiras, mesas, animais, homens e mulheres. Em outras palavras, dê consistência, substância aos seus pensamentos. Para que a comunicação se estabeleça, não é necessário informar que estava um pouco confuso, meio triste ou um tanto desanimado. É suficiente dizer que estava confuso, triste ou desanimado.

Em A *barca de Gleyre,* Monteiro Lobato lembra: "Nos grandes mestres o adjetivo é escasso e sóbrio – vai abundando progressivamente à proporção que descemos na escala de valores". E continua:

Contei os adjetivos em Montaigne, Renan e Gorki. Shakespeare, quando quer pintar um cenário (um maravilhoso cenário shakesperiano!), diz, seco: "Uma rua". Tolstoi só usa o adjetivo quando incisivamente qualifica ou determina o substantivo. Tenho que o maior mal da nossa literatura é o "avanço" do adjetivo. Mal surge um pobre substantivo na frase, vinte adjetivos lançam-se sobre ele e ficam "encostados", como os encostados das repartições públicas.

Voltaire chama a atenção para o fato de que o adjetivo é o pior inimigo do substantivo. Fazendo coro com o pensador, Mark Twain aconselha: "Quanto ao adjetivo, em caso de dúvida, apague-o". O mesmo vale quanto ao uso de advérbios, muitos dos quais dispensáveis. É provável que você já tenha ouvido uma notícia segundo a qual "José matou violentamente Maria". Pergunta-se: é possível pensar num assassinato motivado e executado com o maior carinho do mundo?

Em tudo, portanto, a regra é simplificar, simplificar. Menos é mais. Ponto. Porque, se não tomamos o devido cuidado, podemos criar um texto que, embora esteja cheio de palavras, é pobre de conteúdo, algo parecido com a linguagem adotada por maus políticos e seus colegas de outras áreas.

O uso do adjetivo requer prática e muita habilidade. Nada mais improcedente do que a ideia de que, quanto mais enfeitado, mais completo. Na hora de decidir, o leitor desconfiado fica com um pé atrás diante do texto que exagera na qualificação do objeto apresentado. É que o cliente espera por informações precisas, conceitos exatos, nos quais possa acreditar sem medo de se arrepender.

"O culto do arco-íris ou adjetivite aguda. Trata-se de uma crença epidêmica, a de que mais cores e linguagem mais enfeitada irão por si sós aumentar a compreensão. Uma área em que isso é particularmente insidioso é a do noticiário esportivo, que adaptou a linguagem dramática da guerra. As equipes são aniquiladas, destruídas, massacradas", comenta Wurman.

O adjetivo não descreve, não acrescenta no sentido de proporcionar informações concretas sobre aquilo que mostra ao leitor. Ele apenas diz o que qualquer um pode dizer, sem compromisso com a verdade, porque nem precisa ser exato, mensurável. Não prova o que, às vezes, é improvável. Adjetivo é aparência, e aparência não é tudo, mais ainda porque pode esconder a falta grave de uma essência incapaz de se sustentar. Como quando se diz que um carro é lindo. Ou muito útil. "Útil em que situações?", o leitor pode questionar. Ora, um veículo anfíbio tem pouca utilidade se seu proprietário anda apenas por estradas, ruas e avenidas, numa cidade em que a chuva abundante é um fenômeno raramente visto e o lago mais próximo fica a muitos quilômetros daí.

A comunicação só tem razão de ser quando notada. O brilho irrelevante a ela nada acrescenta. Ao contrário, pode sugerir que a baixa qualidade da ideia ou a falta de talento do criador esteja por trás daquele texto a ponto de, para ser percebido, ele precisar gritar muito, e o faz exatamente por não ter algo importante a dizer.

Antes de superlotar um texto com adjetivos ou ênfases desnecessárias, lembre-se da sábia advertência encontrada num para-choque de caminhão: "Se grito resolvesse, porco não morria".

Use adjetivos com reserva, apenas com o fim de esclarecer, informar, entusiasmar, nunca para exagerar ou forçar uma situação que de outra maneira não se sustentaria. Um único fato – essência, objeto, realidade – pode ter o valor de uma dezena de adjetivos.

Melhor do que o brilho irrelevante é a pertinência e a adequação. Ora, o adjetivo é a gordura do texto, e ninguém se considera mais bonito ou mais valioso só porque tem uns quilinhos a mais. Ao contrário, o desejo da maioria das pessoas tem sido deixá-los em algum regime alimentar ou livrar-se deles por meio de um bom programa de condicionamento físico.

Um texto elegante e gostoso de ser lido tem apenas as informações necessárias à boa compreensão da mensagem. Em outras palavras, é um texto enxuto, em sua melhor forma física, exibindo apenas o essencial para informar com clareza e posicionar a ideia com objetividade na mente do leitor.

FALTA DE CONSISTÊNCIA: FUJA DESSE RISCO

1. O uso do adjetivo exige muita originalidade. Nos dias em que vivemos, parece que tudo já foi dito. Não é tão simples dizer

algo novo, diferente, sobre o que quer que seja. Ainda bem que continua sendo seguro dar informações precisas, construir argumentos fortes a partir da matéria-prima do substantivo.

2. Para um substantivo existem muitos adjetivos, e isso gera um problema sério de escolha. As possibilidades de acerto ficam reduzidas. A margem de erro é grande. Afinal, no meio de tantos adjetivos, qual deles é o mais adequado? Uma escolha equivocada pode ter resultados catastróficos.

3. Voltando ao exemplo da caneta, não cremos que haja outras formas de identificar esse objeto de escrita, mas tente relacionar os adjetivos que podemos encontrar para ele. O resultado será uma lista enorme de palavras, um mar de alternativas no qual é muito fácil se afogar.

4. O adjetivo é impreciso, abrangente e subjetivo. Ele não transmite uma informação bem delimitada, exata, e seu significado geralmente não é o mesmo para todas as pessoas – cada um o interpreta segundo suas experiências e escala de valores.

5. Como se não bastasse, há ainda o problema da regionalização, uma limitação que não é exclusividade do adjetivo, embora lhe pese um pouco mais. O significado de uma palavra pode estar muito adequado ao público de uma região, mas não necessariamente será apropriado em outra. Pode mesmo acontecer de a palavra significar algo oposto ou até possuir um sentido negativo.

6. Por fim, o adjetivo está sujeito às mesmas ondas que balançam a moda, o que torna o texto extremamente perecível. Uma abordagem pode ficar desatualizada com muito mais rapidez do que se imagina – afinal, vivemos na era da mudança. Evitar modismos no texto é sempre uma atitude inteligente.

O adjetivo está mais sujeito a desaparecer do que o substantivo. Décadas atrás, ninguém se surpreenderia caso visse uma caneta descrita como um objeto "supimpa" – acredite, essa triste palavra já esteve em moda. Agora, imagine-se dizendo tal coisa nos dias de hoje. No entanto, o substantivo *caneta* não mudou.

O adjetivo tem seu papel no texto. Ele serve para qualificar o que está sendo apresentado. Como tal, deve ser usado para esclarecer e não para exagerar. Em caso de dúvida, elimine-o.

Estilo. Estilística. Personalidade é tudo

Estilo: a palavra certa no lugar certo; a ordem e o movimento que colocamos em nossas ideias, como reflexo de nosso interior.

A simplicidade na construção da frase é o primeiro passo para um estilo sofisticado. A frase bem escrita penetra com facilidade a inteligência. Caso não o seja, transforma a leitura num exercício tedioso de decifrar ideias. Por isso, o estilo deve ser fluente, afável, mas sempre com o cuidado de evitar intimidades que invadam o espaço do leitor e criem constrangimentos.

Se o estilo for natural, isto é, sem artifícios, no lugar de um autor encontramos um homem. Que o diga Tolstoi, citado em *O romance,* de Adolfo Casais Monteiro: "O estilo nem por sombra corresponde a um simples culto da forma, mas, muito longe disso, a uma particular concepção da arte e, mais em geral, a uma particular concepção da vida". E onde entra o estilo? Ele cumpre bem seu papel quando funciona como roupa feita sob medida, vestindo um pensamento claro e cheio de substância.

Preocupado em contribuir para o aprimoramento de redatores, um grande jornal paulista fez uma pesquisa para investigar o estilo comum de linguagem escrita usada nos Boletins de Ocorrência. Aqui estão algumas destas preciosidades:

- O acusado colocou em periclitação a vida da parte ouvida ao depositar sobre seu corpo solução combustível.
- O elemento disparou arma de fogo várias vezes contra as autoridades e se evadiu do local do fato em desabalada carreira.
- O meliante foi coibido logo após receber voz de prisão da autoridade.
- O autor da prática delitiva confessou ter batido na parte ouvida.

- O meliante usou de objetos pontiagudos e cortantes para danificar a lataria que reveste o veículo motorizado.
- O elemento iniciou desinteligência no leito carroçável.

O resultado, como se vê, foi impressionante. Palavras e expressões que o próprio dicionário já esqueceu e construções rebuscadas se juntavam para construir frases que provocavam o riso. O objetivo provável do "redator" era mostrar um elevado grau de cultura. Uma pena. Ele teria obtido maior êxito escrevendo de maneira simples e direta, com uma linguagem mais próxima de nosso dia a dia.

Falando sobre tais exageros e coisas do gênero, Isaac Bashevis Singer diz que quando um escritor tenta explicar demais, fazer psicologia, ele já está fora de ritmo na hora em que começa. Singer nos convida a imaginar Homero explicando os feitos de seus heróis segundo a antiga filosofia grega ou a psicologia de seu tempo. Se fosse assim, acredita, ninguém leria Homero. "Felizmente Homero só nos deu as imagens e os fatos, e é por isso que a *Ilíada* e a *Odisseia* estão vivas até hoje. Acho que isso se aplica a toda a literatura".

Escrever é mais do que despejar palavras no papel. Esse jorro precisa ter uma personalidade que o identifique e distinga de tudo pelas suas características marcantes, individuais e intransferíveis.

A estilística se ocupa do tratado das diferentes formas ou espécies de estilos e dos preceitos que lhe dizem respeito. Seu objeto é a arte de bem escrever. Para ela, existe uma língua normal, corrente, o modelo convencional a partir de onde podem ser feitas distorções pelo autor. Ela é a ciência dos desvios no que foi estabelecido como norma-padrão.

Para T. E. Lawrence, o estilo é "a arquitetura do livro e sua ornamentação... É uma construção muito elaborada e consciente que não admite a simplicidade...". Nesse sentido, Lawrence comunga com Ortega y Gasset, que adverte: "Escrever bem consiste em fazer continuamente pequenas erosões na gramática, no uso estabelecido, na norma vigente da língua. É um ato de rebeldia permanente contra o ambiente social, uma subversão".

Na opinião de Marcel Jouhandeau, o que forma o estilo é a recusa de usar certas palavras, e não a escolha desta ou daquela. Segundo ele, escreve bem quem "resistiu às insistentes insinuações de determinado adjetivo, de cuja fraqueza ou frivolidade de mau gosto desconfiou a tempo".

O estilo, portanto, é o espelho da sensibilidade do artista. E ele conta muito mais que o conteúdo de sua obra – segundo a Psicologia, quando falo de José, embora ele seja o objeto do meu comentário, falo muito mais de mim. Com o estilo acontece o mesmo. Ele revela o autor, mais do que o objeto do seu texto, que é algo exterior a quem escreve. Sempre lembrando que, de um jeito ou de outro, todos os escritores têm estilo, embora nem todos invistam com afinco na personalidade do próprio texto, deixando-o acontecer de maneira mais espontânea, sem um trabalho assumido de artesanato.

Assim, o que é o autor de estilo inconfundível senão aquele que tem um jeito particular de construir frases e usar palavras?

Todo escritor tem um estilo, como disse, mas nem todos são estilistas. Pouco afeito a isso, Faulkner, por exemplo, adverte que o artista deveria dizer as coisas "o mais depressa e com a maior simplicidade possível". Certamente ele integra o grupo daqueles que quando escrevem estão ocupados demais para intervir no significado das palavras e na construção das frases.

Uma vez iniciado o trabalho, sua tarefa única e indispensável, como escritor, é permitir a fluência das ideias, para que elas se manifestem na sua forma original, com todo o frescor. Ora, tudo isso o leva a definir a maneira como vai trabalhar a linguagem. Assim, o terreno estará preparado para a definição do próprio estilo. É quando se pode dizer que a etapa intuitiva está concluída, é possível aplicar elementos voltados para a técnica. É quando ele se empenha na busca por palavras exatas para expressar suas ideias. É quando, enfim, ele imprime o seu estilo pessoal.

A boa escrita. Ela está por toda parte

Muitas pessoas encaram a escrita com medo ou desconfiança. Cometem um equívoco. Consideram-na o território misterioso de gente que classificam como especial. Da lista fazem parte o poeta, o romancista, o jornalista ou qualquer outra porção da humanidade ungida especialmente para a missão de escrever, acreditam.

Não é bem assim. Quem quer que se comunique com alguém utilizando papel ou outro meio que empregue palavras é um escritor, não importando o teor do texto que produziu. Basta que ao menos uma vez tenha deixado um bilhete na mesa da cozinha ou redigido um memorando no escritório.

Em qualquer um dos casos, estamos diante de um escritor, repito. Pela posição ocupada, ele enfrenta, ainda que em pequena escala, os problemas vividos pelos profissionais das letras.

Dentre as atividades básicas das quais podemos participar, a disciplina de empregar a palavra para comunicar ideias é uma das mais importantes. Basta lembrar que, durante toda a nossa vida, boa parte das informações é transmitida por meio da linguagem escrita.

Se redigir não é sua atribuição profissional, mas na vida pessoal você se vê como um escritor, isso o torna mais bem preparado para enfrentar os desafios de um mundo que descarta o especialista e privilegia o generalista, gente que, além de produzir ideias, também as comunica por meio da palavra. Essa é uma boa razão para afirmar que poderíamos todos nos beneficiar do aperfeiçoamento de nossa comunicação escrita.

Apenas para ilustrar, ao tornar-se melhor como redator de memorandos, você aumenta a probabilidade de suas ideias serem postas em prática. Transmitindo bem suas ordens, seus subordinados irão realizar cada tarefa com mais precisão. Isso tudo é um pouco do muito que significa escrever bem.

Síntese e impacto. Eles andam sempre juntos

Certa vez, o filósofo Blaise Pascal escreveu: "Minhas sinceras desculpas por essa carta tão longa; se tivesse tido mais tempo, teria sido bem mais curta." A verdade é que é mais difícil escrever menos do que escrever mais, por mais que isso possa parecer contraditório. No entanto, não se sabe exatamente por quê, ainda persiste a ideia de que o tamanho do texto é algo valorizado. O ideal está no caminho inverso. Ao sintetizar a mensagem, cria-se uma ideia muito mais impactante.

Ainda há quem gaste tempo discutindo a qualidade de um texto a partir de sua extensão, como se o número de palavras simplesmente determinasse o quanto ele é eficiente e adequado à solução de determinado problema.

Para resolver a pendenga, Drayton Bird, especialista em marketing direto, mexeu no vespeiro, levantando a seguinte questão: "De quanto barbante você precisa para amarrar seu pacote?" Essa pergunta é um jeito inteligente e rápido de acabar com essa briga sem futuro. Um texto, seja ele qual for, deve ter o tamanho necessário para a função a que se propõe, respeitadas as limitações naturais do veículo, não sendo maior nem menor do que o necessário para comunicar com eficiência.

As situações que exigem a criação de um texto variam. Às vezes saltam de um para outro extremo. Uma coisa é descrever a complexidade de um novo computador, diferente dos demais em determinados aspectos inovadores e portanto desconhecidos. Outra é exaltar o sabor de um refrigerante, sobretudo quando se trata de uma marca mundialmente conhecida.

Nada o impede de redigir um texto longo se existe uma demanda para isso – por exemplo, quando se trata de escrever contos, romances, ensaios, dissertações etc. Tudo é uma questão de saber de quanto barbante você precisa para amarrar o seu pacote.

Antes da pergunta inteligentemente incômoda de Drayton Bird, o filósofo Friedrich Nietzsche não teve de pensar muito para dizer: "Minha ambição é dizer em dez frases o que outro qualquer diz num livro". Algum tempo depois, reforçando a mesma tese, Júlio Dantas usou a obra *A arte de redigir* para afirmar que difícil não é escrever muito, e sim dizer tudo escrevendo pouco. Segundo ele, a concisão e a brevidade, virtudes gregas, são meio caminho andado para a perfeição. Não é o que acontece com principiantes, segundo Jorge Luis Borges:

> No início da carreira, muitos escritores sentem necessidade de escrever demais, de impressionar. Através do excesso de linguagem, esses jovens tentam esconder sua sensação de inexperiência. Com a maturidade, o escritor se torna mais seguro de suas ideias. Descobre seu verdadeiro tom e desenvolve um estilo simples e eficiente.

Ao contrário do que parece à primeira vista, "escrever é cortar palavras". O recado é do poeta Carlos Drummond de Andrade. A ideia é tão simples e óbvia quanto verdadeira. Quando cortamos uma palavra, valorizamos as demais – não há nenhum mistério nisso.

O critério não se aplica apenas à redação. Observe como os gerentes das lojas de grife utilizam recurso semelhante para montar suas vitrines. Geralmente expõem um número reduzido de exemplares dos produtos à venda. A mensagem que está por trás é mais ou menos esta: "São produtos especiais e exclusivos, nada que justifique a venda por baciada, como na feira livre". Um bom texto é uma loja de grife. Tem palavras exclusivas, escolhidas com rigor, e nada ali é barato ou gratuito.

Num primeiro momento, uma frase pode parecer perfeita, não comportando qualquer intervenção, e não é incomum estarmos enganados. Como neste exemplo: "Ele não tem nenhum dinheiro". A frase fica bem melhor se for submetida a uma plástica e ganhar esta aparência: "Está sem dinheiro". "Ele é um homem muito rico" ficaria melhor como "É muito rico". "Há muitas pessoas que usam este método" ganha mais elegância na pele de "Muita gente usa este método". Por fim, "Não demorou muito para ele alcançar a popularidade desejada" tem mais charme assim: "Logo tornou-se popular".

O leitor de hoje tem pouco tempo. Ele quer saber logo que benefício o texto que está lendo lhe traz. Pode ser uma informação importante, a resposta para uma antiga questão existencial, o esclarecimento que o capacita para a tomada de decisões, não importa. Este problema pode ser muito bem resolvido já a partir do título do texto.

Para isso é importante definir com clareza o posicionamento da informação. Ele nos permite saber exatamente a maneira como queremos que nosso público a entenda. Então podemos usar as palavras mais adequadas para pintar esse quadro em sua mente com o maior vigor e no menor espaço possível.

É um equívoco pensar que quando se trata de informação é mais seguro ter demais do que de menos. Ou que é melhor encher o leitor de informação do que correr o risco de fazê-lo se sentir ludibriado por não ter tido um amontoado de papéis para ler.

Observe estas frases. Sintéticas, elas foram escritas com poucas palavras. E têm um poder extraordinário de comunicação:

- Beba-o com respeito. É provável que ele seja mais velho que você. *Cognac Martell.*

- Faça agora. Amanhã pode aparecer a lei proibindo. *Lawrence F. Peter.*

- Gênio é a habilidade de reduzir o que é complicado a algo simples. *C. W. Ceran.*

- Mantenha a América bonita. Traga um Jaguar da Europa. *Phrase Book.*

- Nós escrevemos *Guerra e paz* uma vez por semana. *Revista Time.*

- Nós gostamos de crianças tanto quanto você. Talvez mais. *Preservativos Finesse.*

- O melhor amigo do escritor é a lata de lixo. *Isaac B. Singer.*

- Sem problemas de radiador. Sem radiador. *Volkswagen.*

Afinal, o que fazer para melhorar a sua comunicação?

Na opinião do professor Pasquale Cipro Neto, a primeira providência é simplificar a linguagem e evitar rodeios que tornem a frase longa e sem objetividade.

Ao se referir aos executivos, o professor diz que eles devem dedicar diariamente um período de tempo à leitura de algo que seja de seu interesse. Além de aumentar a cultura geral, essa prática amplia o vocabulário. Assim, a pessoa vai escrever e expressar-se cada vez melhor, acrescenta.

Ele observa que no Brasil não se valoriza a língua formal. As pessoas não se preocupam com a correta construção das frases. Voltando ao caso dos executivos, em particular, ressalta que, apesar de terem tantas responsabilidades e compromissos, deveriam prestar mais atenção a isso. Uma das vantagens atende pelo nome de "economia de tempo".

Apenas para ilustrar, Pasquale acrescenta que é comum as pessoas precisarem, depois de ter enviado um e-mail, explicar o conteúdo do texto por telefone.

Por sua vez, Donald Weiss sugere: escreva como se falasse com um companheiro. Se para conversar você tem a vivacidade de uma abelha, não permita que o toque da caneta o deixe com a mão endurecida. A esse propósito, David Ogilvy faz uma recomendação que merece ser relembrada. *O papa da propaganda,* como é conhecido, diz que quando vai escrever o anúncio de um automóvel, imagina estar sentado ao lado de uma mulher em um jantar festivo. E aí ele simplesmente anota o que diria sobre o carro à sua companheira.

Uma boa prática, nesse caso, é trabalhar em duas etapas. Na primeira, trilhando o caminho proposto por Donald Weiss e David Ogilvy, isto é, escrevendo informalmente. Em seguida, já num clima de edição, dando certa formalidade ao texto, como recomenda Cripro Neto.

Ritmo. Uso restrito para profissionais

Assim como a música, um texto deve ter ritmo, isto é, ele deve cantar, ou, em outras palavras, ser agradável de ler e fácil de compreender. Como conseguir tal efeito? Equilibrando o uso das palavras.

Os escritores profissionais podem não sair dizendo isso por aí, mas usam basicamente frases *monofásicas*, *binárias* e *ternárias*, alternando seu uso conforme a cadência que pretendem dar ao texto à medida que o compõem.

As frases *monofásicas* são as mais adequadas quando o que se pretende é ser objetivo e causar impacto. Como neste exemplo: "Deus é grande" (apenas *uma* informação, seguida do ponto-final). Lembre-se de quantas vezes você ouviu alguém dizer, para ser conclusivo, algo como "Não!" Na campanha de conscientização contra o estupro, a mensagem, direta, é "Não é não". Antigamente, um discurso sempre terminava com a expressão "Tenho dito". Era tudo de que o orador precisava para informar que o assunto estava encerrado.

As frases *binárias* são ideais quando nosso propósito é fazer a passagem de uma informação para outra. Ou quando se pretende estabelecer comparações. Ou, ainda, quando se acrescenta uma informação a mais em uma frase monofásica.

No primeiro caso, podemos dizer: "Além de econômico, o novo carro X é confortável." Como se vê, passamos do conceito de economia para o de conforto. No segundo, temos o seguinte exemplo: "Minha primeira secretária era ótima; em compensação, essa..." – aqui se compara o desempenho de duas profissionais que atuam na mesma área. Ou, ampliando a frase monofásica que nos serviu de exemplo, para que se torne binária: "Deus é grande e tudo vê" (apenas duas informações, seguidas do ponto-final).

Como acabamos de falar em passagem, aqui está uma lista de expressões de transição:

- **Adição:** e, depois, além disso, também, em adição etc.
- **Conclusão:** portanto, assim, enfim, em resumo, concluindo etc.
- **Consequência, causa e efeito:** portanto, então, por isso, desse modo etc.
- **Contraste e concessão:** mas, porém, entretanto, todavia, ao contrário, em vez de, ainda que, por outro lado etc.
- **Exemplificação:** por exemplo, isto é, como etc.
- **Ligação espacial:** ao lado, sobre, sob, à esquerda, no meio, no fundo etc.
- **Ligação temporal:** assim que, em seguida, até que, quando, por fim, depois etc.
- **Reafirmação ou resumo:** em outras palavras, em resumo, de fato etc.
- **Semelhança e ênfase:** do mesmo modo, igualmente, dessa forma etc.

Por fim, as frases *ternárias* se prestam a enumerar e explicar: "Econômico, bonito e muito confortável: assim é o novo X". Ou, como no exemplo inicial, "Deus é grande, tudo vê e tudo perdoa" (*três* informações, seguidas do ponto-final).

Supomos que o objetivo do redator é escrever tal qual os profissionais do texto. Logo, ele deve evitar a construção de frases com mais de três informações, isto é, ternárias. Além de se lembrar de que os bons textos são os que mantêm o equilíbrio entre as frases monofásicas, binárias e ternárias.

É tudo muito simples. Vale a pena interromper a leitura por um instante e praticar um pouco. Faça de conta que o propósito é contar os principais fatos em que você esteve envolvido em certa manhã.

Talvez pudesse começar o texto com uma frase monofásica: "*Ainda está frio.* O despertador parece não entender nada sobre o desejo de ficar mais um pouquinho entre as cobertas".

Mas bem que você poderia iniciar com uma frase binária. Assim: "*Frio* e *sono.* Tudo se misturava naquela manhã de quarta-feira".

Ou, ainda, o começo do texto pode ter uma frase ternária. Como esta: "*Frio, sono* e *preguiça.* O dia estava apenas começando".

Claro que a redação não deverá ser monótona. Portanto, evite usar um único tom, que soa como a mesmice de uma rajada de metralhadora – isso mata. Escrever com ritmo nos protege desse pecado. Ele dá musicalidade, acelera e reduz, acalma e agita. Dá ao texto uma cadência que o torna melódico e harmonioso. Para isso, basta usar com equilíbrio os três tipos de frase, independentemente daquelas que escolheu para ser a primeira e a última do texto.

A frase monofásica é a mais indicada para o encerramento, por ser mais enfática. Seu estilo breve tem exatamente o tom conclusivo. Também nesse caso vale a pena experimentar.

Pontuação. Engenharia a serviço do leitor

Antes que você seja tomado por qualquer sensação estranha, aí vai um aviso tranquilizador: não vamos retomar as regras gramaticais, que são repetidas à exaustão desde o momento em que, ainda pequenos, colocamos os pés na escola, e que tentam organizar o assunto.

Evitando qualquer imposição, ficaremos com o pensamento de Valéry Larbaud, autor de *Sob a invocação de São Jerônimo:* "A pontuação de um escritor dotado de forte personalidade literária será pessoal e se afastará em maior ou menor grau das regras fixadas pelo uso corrente e pelas gramáticas".

Mas uma coisa é certa: a pontuação contribui para o ritmo do texto. Veja como os redatores profissionais a utilizam para tomar seus escritos mais arejados sem perder a seriedade do que transmitem.

PONTO-FINAL. USE E ABUSE

Muitos escritores demoram a chegar até ele – se você já disse tudo, procure a porta de saída, fechando a frase com um ponto-final. Nos melhores escritores, o que predomina são as frases curtas. Portanto, use-o à vontade, inclusive porque ele dá clareza à mensagem. Nem é possível pensar em deixá-lo de lado, sobretudo agora, quando esperamos que seus textos sejam musicais, compostos com o ritmo que só o uso das frases monofásicas, binárias e ternárias pode dar. Você deve ter notado que elas se caracterizam exatamente pela farta utilização do ponto-final, o que torna qualquer outro comentário dispensável, porque incorreria em redundância. Resolver o problema é mais fácil do que parece. Basta quebrar a sentença que ficou longa demais em duas ou até mesmo três, dando autonomia a cada uma delas.

VÍRGULA. CONHEÇA O SEU PODER E USE BEM

Além de elegância, a vírgula garante precisão ao texto. Essas são duas das mais importantes tarefas desse pequeno sinal. E, embora ele seja pequeno, seu uso incorreto ou fora de lugar pode criar as situações mais estranhas e indesejadas, como no caso do oficial que, tendo sido condenado, recebe a seguinte sentença, do rei: "Perdoar impossível, mandar para a forca". Condoída, e determinada a mudar a sorte do rapaz, a rainha salvou-o com a simples mudança da vírgula: "Perdoar, impossível mandar para a forca". Ou, na narrativa segundo a qual certo governador, comunicando a revolta de sua cidade ao seu superior, perguntou-lhe: "Devo fazer fogo ou poupar a cidade?" A resposta foi: "Fogo não, poupe a cidade". No entanto, acidentalmente, o telégrafo trocou a vírgula, e a resposta tornou-se fatal: "Fogo, não poupe a cidade".

E quanto ao ponto e vírgula, essa vírgula com força estendida? O sinal deve ser usado com a mesma cautela com que se dirige um carro antigo. Se o objetivo é produzir frases curtas, recomenda-se que ele seja evitado, mas isso não deve, nunca, representar uma camisa de força. Afinal, sabemos que em alguns casos não teremos como fugir desse sinal de pontuação, comum nos textos acadêmicos, por exemplo. No entanto, uma frase curta não requer ponto e vírgula. Assim, se ele foi necessário, pode-se enxergar aí a possibilidade de enxugá-la, quem sabe transformando-a em duas frases. Ou optando pelo travessão.

INTERROGAÇÃO. PERGUNTOU? RESPONDA

Este sinal pode ser usado para efeito retórico. Neste caso, funciona como uma espécie de preparação do terreno, um jeito de criar expectativa. Quando, numa conversa, dizemos "Sabe o que me aconteceu hoje de manhã?", não esperamos necessariamente que o interlocutor se antecipe e responda que sim ou que não.

O caso que acabamos de sugerir é mais comum nas comunicações verbais. De um jeito ou de outro, a regra será sempre a mesma: se perguntou, responda imediatamente. Não espere que o leitor saia à procura da resposta, numa pesquisa demorada para descobrir o que você pretendia dizer. Ele poderá não fazê-lo – em geral, é isso o que acontece –, e aí a mensagem perde seu efeito.

Igualmente, nem sempre convém permitir que ele tenha tempo para formular uma resposta baseado nas próprias convicções. Pode ser que ela não seja exatamente a que você considera a mais adequada para o caso.

Ora, uma vez pensadas, tais palavras ficarão registradas na mente do leitor. Assim, quando você chegar com a resposta que deseja ser admitida como correta, encontrará outra ocupando seu lugar. A demora em responder implicará a necessidade de uma considerável dose de esforço para remover e substituir aquilo que está se transformando em certeza cristalizada.

Nesse caso, lembre-se de usar o ponto de interrogação apenas quando tiver certeza absoluta de que a resposta será aquela de que precisa para continuar o que pretende dizer. Nunca faça ao leitor uma pergunta que possa ser respondida com "não, eu não quero isso". O critério, é claro, vale sobretudo em situações em que o objetivo é convencer o leitor a respeito de algo considerado muito importante.

Pense numa conversa cujo início é: "Você gostaria de dobrar seu salário sem fazer nenhum esforço?" Se não estivermos enganados, a resposta será um "sim". Agora imagine o titulo de um anúncio que começasse com a seguinte pergunta: "Você quer comprar o novo caminhão X?" Se a resposta for negativa, o leitor virará a página sem lhe dar sequer a chance de entrar na conversa. Não crie essa oportunidade. Não o ajude a despistá-lo com tanta facilidade. Seja instigante. Provoque o diálogo escolhendo caminhos mais abertos e promissores.

EXCLAMAÇÃO. NÃO TORNE A PIADA MAIS SEM GRAÇA

O ponto de exclamação fez muito sucesso nas décadas de 1930 a 1960. Naquele período, nem mesmo a propaganda, na qual a busca pela modernidade é sempre maior, escapava. Eram poucos os textos que não apareciam recheados desse pontinho. Hoje ele está fora de moda. Os melhores escritores o evitam, a não ser para casos especiais. Eles descobriram que existem outras formas de valorizar uma mensagem. Ao contrário dos principiantes, fogem da tentação de usar um ponto de exclamação para alertar o leitor de que estão fazendo uma brincadeira ou sendo irônicos.

O uso desse sinal é sintomático. Ele aponta para a fraqueza do texto. Olhe-o com mais rigor. Seu aspecto é de uma muleta – uma haste finalizada por uma borracha que lhe serve de suporte.

Na frase em que nada é original, ele exerce exatamente esta função: muleta de uma informação que não se sustenta pela consistência das palavras, pela novidade da mensagem e pelo talento da construção. Produz o efeito semelhante ao ato de explicar uma piada que, além de ser sem graça, foi mal contada.

Pense naquele chefe desagradável que na sexta-feira, alguns minutos antes do final do expediente, conta uma piada ruim. Ele já a contou outras vezes, mas ainda assim espera que todos riam à vontade. Quando percebe que não fez tanto sucesso, resolve explicar a anedota. No máximo, o que consegue é um repúdio velado, escondido atrás de uma risadinha amarela, uma mistura de jogada política e indignação. Não é bem isso que esperamos como reação do leitor. Escrever bem é ser original, mesmo quando o que se diz é apenas o óbvio. É assim, e não de outro jeito, que se provoca o interesse e o prazer pela leitura.

RETICÊNCIAS E ASPAS. PARA SITUAÇÕES ESPECIAIS

Use as reticências apenas quando interromper um pensamento, como no caso seguinte: "A minha antiga secretária era ineficiente; em compensação, a atual...". Agora veja três exemplos de utilização correta de sinais como aspas e reticências:

- Aspas: "O cérebro é como um paraquedas. Só funciona quando está aberto." *Sir James Dewar* – O sinal informa que o pensamento do autor foi transcrito literal e integralmente.

- Reticências e aspas: "[...] só funciona quando está aberto." *Sir James Dewar* – O sinal que vem no início, composto pela combinação de colchetes ou parênteses e reticências, avisa o leitor de que, por alguma razão especial, a frase não foi transcrita integralmente.

- Reticências e aspas: "O cérebro é como um paraquedas. Só funciona [...]." Ou: "O cérebro [...] só funciona quando está aberto". *Sir James Dewar* – O raciocínio é o mesmo do item anterior, com a diferença de que neste caso preferiu-se omitir a parte central do pensamento de Sir James Dewar, por considerá-la desnecessária aos supostos propósitos em questão.

Muitos insistem em acreditar que reticências aqui, uma exclamação ali, aspas acolá deixam o texto mais forte ou pelo menos mais enfeitado. Nada mais longe da verdade. Tudo não passa de um exercício desnecessário de poluição da mensagem, que em nada ganha com isso.

Sinais de pontuação nada têm a ver com aqueles vasinhos de flor de plástico que são distribuídos com mau gosto pela sala. Eles não foram criados para servir como peças de decoração, mas de sinalização, organizando um raciocínio.

A função dos sinais de pontuação é orientar o leitor, que dirige seus olhos para a pista de um texto e quer evitar acidentes que poderiam ser fatais.

Assim, imagine um engenheiro de trânsito decidindo-se por colocar um sinal qualquer em certa esquina. No caso, ele só o faz porque tem predileção pelo símbolo que orienta o motorista para que entre à esquerda. Acontecerá com o texto mal pontuado um acidente semelhante ao ocorrido naquela esquina. Ali, tudo poderia ser feito para que o local ficasse mais bonito, menos colocar um sinal de trânsito arbitrariamente.

Trabalhando como escritores, fazemos a engenharia das palavras e dos pensamentos, organizando-os e dando a eles uma lógica. Nossa tarefa é orientar o leitor, não confundi-lo ou fazer com que se perca. Como esperar que motoristas e pedestres circulem com segurança por nosso texto, se ele estiver mal sinalizado?

Verbo. Faça acontecer

Quando percebeu que havia chegado a hora de criar o mundo, Deus revelou-se o primeiro usuário do verbo. Nos capítulos iniciais do livro do Gênesis, na Bíblia, lemos que Deus disse "Faça-se..." para cada coisa que desejava tornar real. Assim, é indispensável usar verbos fortes, uma vez que eles funcionam como os pregos que sustentam a frase.

Verbo é ação, o que justifica o conselho de mantê-lo na voz ativa. Veja alguns exemplos:

- Preste muita atenção.
- Faça isso agora.
- Escreva um texto melhor.

Essas são frases curtas com verbos que motivam a ação. Elas não são inertes. Faz parte de nosso trabalho a criação de textos que se movimentem e, como tais, sejam incitadores o bastante para neutralizar a inércia humana.

História. Leve o leitor para passear

Quem conta um conto aumenta um ponto. Mas quem conta um conto, uma boa história, aumenta pontos no conceito do leitor, e isso é tudo o que se quer.

Sentindo-se gratificado pelo texto que lhe foi oferecido, ele permanece por aí, com a motivação que o levará até a última página. E, certamente, à indicação da obra para pessoas do seu círculo de relacionamento. O que é bom é pra ser mostrado.

No entanto, nunca é demais lembrar: o leitor não é bobo. Ao contrário, seu nível de exigência aumenta a cada dia. E ele não perdoa a entrega de um serviço com qualidade duvidosa.

A fonte de pesquisa, o nível de criação, o cuidado no artesanato, na carpintaria da história, tudo isso conta muito. Essa jornada começa na busca pela matéria-prima a ser trabalhada. Esse costuma ser, sobretudo para escritores principiantes, o maior desafio. Dele depende todo o começo. Dele depende todo o resto. O cenário tende a se tornar apavorante, portanto.

Buscar uma história consiste num trabalho de mergulho no seu entorno e no mais profundo de si mesmo para que o escondido se revele. Não existe saída: o único jeito de contar uma história é contar uma história. Simples, e desafiador, assim. Afinal de contas, a sua história, aquela que se esconde em algum lugar do qual só você tem a chave, esta nunca foi contada. Até que isso aconteça, ela será, no máximo, um embrião pedindo para ganhar corpo e espaço. E é de você que ela espera as condições para se realizar.

Mais do que isso, convém ter consciência de que a primeira versão da narrativa não vai agradar em cheio. Em geral, nem a segunda. Nem a terceira. Talvez, nem a décima. Mas não vale fugir da raia. Contentar-se com uma desculpa por não conhecer toda a história a ser narrada não o levará muito longe no ofício de escritor.

Para iniciar esse voo, você não dispõe de muita coisa além da disposição e da esperança – esperança, do verbo *esperançar* – de que vai dar certo. Afinal, a sua imaginação trouxe à tona algum conteúdo que tem potencial para tornar-se uma boa história. Assuma o papel de piloto dessa nova ideia e alcance as alturas em termos de qualidade do texto e de realização pessoal.

Stephen King lembra que "o trabalho do escritor é conseguir tirar cada osso do solo sem danificá-lo". Para isso, é preciso começar, mesmo que o começo seja tosco. É preciso criar envolvimento. Chegar ao ponto de sentir que ali existe uma história, e que ela tem qualidade, verdade, consistência suficiente para atrair, cativar o leitor. Um trabalho que começa pelo começo, por meio de anotações, e que termina no final, quando a narrativa já estiver impressa, pronta para circular e cumprir os seus propósitos.

Comecei nossa conversa insistindo em fatores como qualidade, verdade, consistência. Num primeiro momento, isso pode nos levar à ideia de que o que se propõe é algo inatingível para os mortais. Nada disso. E aqui, mais uma vez, experimento a alegria de derrubar mais um possível mito.

Onde estão as histórias que vamos contar? De que recursos sobrenaturais precisamos estar munidos para encontrá-las? Resposta: elas estão ali mesmo, bem ao alcance das nossas mãos humanas. Um exercício promissor, e básico, consiste em dar uma olhada nas manchetes de jornais, por exemplo. Essa mídia, tão fugaz, costuma estar recheada de narrativas, apenas esperando por um escritor que trabalhe o seu desenvolvimento.

Isaac Bashevis Singer diz que jamais sai em busca de história. Ele toma notas, nunca como repórter. De onde vêm suas histórias? De coisas que vieram até ele, sem que procurasse por elas. Anota ideias para uma história, que deve ter um clímax, é claro. Ao se deparar com a narrativa que lhe foi entregue sem que se esforçasse para tanto, dedica-se a escrevê-la, porque disso consiste seu ofício de escritor. Mas ele não é o único.

Ricardo Linhares, roteirista da Rede Globo, segue o mesmo caminho. Suas referências ficcionais são livros, filmes, jornais, revistas, a própria vida, enfim. Considera que nos jornais estão narradas histórias, vividas por pessoas reais, que podem ser transportadas com sucesso para a ficção. João Emanuel Carneiro, da mesma emissora, tem suas fontes no cinema e na literatura do século XIX – Balzac, Guy de Maupassant, Dostoievski e Victor Hugo, por exemplo. É igualmente nos clássicos que outro escritor e roteirista, Walcyr Carrasco, garimpa seu repertório.

Integrante do mesmo time, Walther Negrão diz que vai ao mercadinho para escutar as comadres sobre o que elas gostam e o que não gostam, além de se inteirar um pouco das fofocas que circulam em seu entorno. Procura ouvir muito. Por ter sido jornalista, especializou-se na arte de perguntar, diz ele. Pergunta e ouve. Gosta de conhecer gente. Quando viaja, ele acrescenta, sua paisagem preferida é composta por pessoas, mais do que pontes e castelos.

Nada, até agora, revelou o conteúdo da sua futura narrativa, caro leitor? Que mal existe nisso? Uma das melhores fontes, se não a melhor, ainda não foi devidamente vasculhada: você. É dentro de si mesmo que se escondem, talvez, as melhores histórias ainda não relatadas. Afinal, ninguém o conhece mais do que você mesmo. Tudo o que tem a fazer é encontrar histórias com um significado emocional consistente e depois transferir tudo isso para o papel, talvez com o apoio de um personagem.

Descrição. Pinte uma imagem feita de palavras

Descrição é a representação verbal de objetos, pessoas e lugares, mediante a indicação de aspectos característicos, definidores, que levem o leitor a visualizar o objeto da apresentação. Assim, "Descrever é caracterizar uma cena, um estado, um momento vivido ou sonhado por meio de nossa percepção sensorial e de nossa imaginação criadora. A visão, o tato, a audição, o olfato e o paladar – nossos cinco sentidos – constituem os alicerces da descrição", afirmam Emília Amaral, Severino Antônio e Mauro Ferreira do Patrocínio, no livro *Redação – gramática – literatura – interpretação de texto*.

Portanto, descreva a ideia adequadamente. Não dê nada por certo, não caia em suposições tão esperançosas quanto cheias de perigos, como a de imaginar que o leitor já sabe algo a respeito do que você pretende dizer.

Sem subestimar-lhe a inteligência com frases tolas, arrisque-se a pensar que ele sabe pouco ou quase nada – é mais seguro.

Isso nos leva a chamar a atenção para o hábito de observar. O bom observador percebe detalhes que, usados, tornam o texto mais saboroso e surpreendente.

A observação pode ser direta, isto é, feita no próprio local. Trata-se de expor os pormenores mais relevantes. A técnica inclui a utilização dos sentidos humanos: olfato, tato, paladar, audição, visão. Explore-os da maneira mais criativa, levando o leitor a se sentir em contato com a realidade da qual você fala, mesmo que ele esteja distante dela. A forma de contar um acontecimento pode aumentar consideravelmente a intensidade do texto.

A observação também pode ser indireta. Isso acontece quando usamos a imaginação ou a memória. Nesse caso, busca-se transmitir a sensação de que tudo é verdadeiro. Uma fonte inesgotável de observação é a leitura, como já dissemos anteriormente.

TIPOS DE DESCRIÇÃO. TIPOS DE PINTURAS

- **Descrição subjetiva pessoal:** "Stela era espigada, dum moreno fechado, muito fina de corpo. Tinha as pernas e os braços muito longos e uma voz ligeiramente rouca." – "Stela me abriu a porta", Marques Rebelo
- **Descrição física de pessoas:** "Iracema, a virgem dos lábios de mel, que tinha os cabelos mais negros que a asa da graúna e mais longos que seu talhe de palmeira. O favo de jati não era doce como o seu sorriso; bem a baunilha rescendia no bosque como seu hálito perfumado. Mais rápida que a ema selvagem, a morena virgem corria o sertão e as matas do Ipu, onde campeava sua guerreira tribo, da grande nação tabajara. O pé grácil e nu, mal roçando, alisava apenas a verde pelúcia que vestia a terra com as primeiras águas." – *Iracema*, José de Alencar
- **Descrição psicológica de pessoas:** "Ele um homem passional, estudioso e austero, já tendo a Arte por sua amada. Ela, uma jovem de rara beleza, cheia de encantos e alegria, plena de luz e sorrisos, travessa como uma gazela nova, afetuosa e cheia de amor à vida." – "O retrato oval", Edgar Allan Poe

- **Descrição de objetos:** "Óculos: instrumento com lentes que ampliam os objetos distantes ou perto do observador e que lhes permitem uma visão nítida dos mesmos." – Douglas Tufano
- **Descrição de funcionamento:** Para operar sua lavadora, distribua a roupa uniformemente no centro da máquina. Em seguida, gire o botão do seletor de nível de água, selecione o programa de lavagem e aperte o botão...
- **Descrição de ambiente:** "Os campos e as árvores pareciam ainda mais bonitos sob a luz do sol. Os pássaros cantavam alegremente enquanto atravessavam o céu azul. De repente, quando a família Otis entrou na estrada que conduzia à mansão Canterville, nuvens escuras surgiram no céu, e gralhas voaram sem parar. Então, gotas de chuva começaram a cair." – "O fantasma de Canterville", Oscar Wilde

ENUMERAR E DESCREVER

Veja alguns exemplos:

- Gratificação de 100 mil réis. Fugiu há um mês mais ou menos, mulato claro, meio acaboclado, cabelos escorridos, um pouco crespos, fala compassado, bigode e barba no queixo, alto e magro, diz que sofre do peito. Desconfia-se que anda lá pelos lados da Vila de Cruzeiro.

  (*Gazeta da Bocaina*, 1884)

- Silêncio. Passopretos. Silêncio. Ciscado das galinhas. Passopretos. Silêncio.
  Uma porteira. Mais porteiras. Os currais. Vultos de vacas, debandando. A varanda grande. Luzes. Chegamos. Apear.

  (João Guimarães Rosa, em *Sagarana*)

- [...] Um homem vai devagar.
  Um cachorro vai devagar.
  Um burro vai devagar.
  Devagar... as janelas olham.

  (Carlos Drummond de Andrade, "Cidadezinha qualquer", em *Alguma poesia*)

Dissertação. Trate de ser convincente

Dissertação é um processo em que o emissor expõe ideias, discorre sobre determinado assunto, argumenta, busca convencer o interlocutor. É usada em textos críticos, teses, exposição, explanação e argumentação. Definindo o assunto, os já citados Emília Amaral, Severino Antônio e Mauro Ferreira do Patrocínio lembram que "Dissertar é expor opiniões, pontos de vista, fundamentados em argumentos e raciocínios baseados em nossa vivência, nossas leituras, nossas posturas, nossas conclusões a respeito da vida, dos homens, de nós mesmos".

Falando do ponto de vista da organização e do conteúdo, a dissertação buscar defender um princípio, demonstrar correspondência entre ideias e parágrafos, apresentar argumentos precisos, exemplificar, introduzir e concluir, documentar as afirmações e ser rica em ideias.

A introdução pode ser iniciada por uma consideração geral, uma citação, uma interrogação. No desenvolvimento, evite o excesso de conjunções conclusivas: *pois, logo, portanto.* A conclusão deve apresentar, além da recapitulação dos argumentos, uma dedução própria – não se trata de repetir o que foi dito anteriormente, um trabalho inútil para o leitor, que não quer e não precisa ver tudo de novo.

Algumas regras básicas para a boa dissertação são analisar as ideias, fazer a apreciação de prós e contras, procurar as causas e as consequências.

A dissertação envolve elementos como fato, opinião, hipótese e argumentação.

- Fato é a realidade.
- Opinião é uma maneira de pensar sobre determinado assunto.
- Hipótese é uma ideia sujeita a confirmação.

A dedução e a indução são instrumentos para a busca da verdade.

O raciocínio dedutivo é o pensamento que parte do geral para o particular, como neste exemplo: Todo homem é mortal. (1) Roberto é homem. (2) Logo, Roberto é mortal. (3)

As duas primeiras proposições – 1 e 2 – chamam-se premissa maior e menor, respectivamente. A última – 3 – é a conclusão.

Já a indução é o pensamento que vai do particular para o geral.

Veja este exemplo:

> Na primeira noite eles se aproximam
> e roubam uma flor
> do nosso jardim.
> E não dizemos nada.
> Na segunda noite, já não se escondem:
> pisam as flores,
> matam nosso cão,
> e não dizemos nada.
> Até que um dia,
> o mais frágil deles
> entra sozinho em nossa casa,
> rouba-nos a luz, e,
> conhecendo nosso medo,
> arranca-nos a voz da garganta.
> E já não podemos dizer nada.

(Eduardo Alves da Costa, "No caminho, com Maiakovski", em *Poemas*)

Etapas da construção do texto. Vamos por partes

Comece planejando. Assim você pode economizar e distribuir melhor o tempo disponível. Isso é fundamental.

- O primeiro passo consiste na escolha do assunto sobre o qual pretende falar.
- Delimite este assunto, isto é, não tente falar tudo sobre tudo.
- Determine com clareza qual é o objetivo do texto.
- Escreva uma frase-núcleo, isto é, que contenha em si todos os elementos do que pretende abordar, como uma semente que esconde uma grande árvore. Os roteiristas a chamam *storyline*, síntese do resumo da história contada, algo cuja extensão, em Times New Roman, corpo 12, não vai além de sete linhas.
- Elabore um plano de desenvolvimento. A partir dele, selecione os aspectos que desenvolverão a frase-núcleo e ordene-os.
- Escreva o desenvolvimento do texto.
- Escreva a frase de conclusão.

- Revise tudo. Supondo-se que escreveu como compositor, leia-o em voz alta, com os ouvidos exigentes de um maestro, para perceber falhas que antes não eram aparentes. Faça com que o texto mantenha um ritmo – ele deve cantar. Revise de novo. Se puder, deixe o trabalho de molho. Depois faça uma nova revisão.
- Agora, e só agora, ele está pronto.

Argumentação e contra-argumentação. Seja consistente

Desenvolva a capacidade de formular opiniões, raciocínios, argumentos diferentes ou mesmo opostos. Isso representa um salto de qualidade na capacidade de dissertar.

Este é um bom exemplo de argumentação: nenhum homem é uma ilha, porque, por mais solitário que ele seja, sempre terá alguém ao seu lado, dando "aquela força". O homem nunca poderia ser uma ilha, pois está sempre procurando novas coisas, novas emoções, sempre se envolvendo com gente nova, por mais desconhecido que seja.

Agora veja este, cujo objetivo é de contra-argumentar, e perceba a diferença: será que realmente sempre temos alguém ao nosso lado, dando "aquela força"? E nos momentos em que isso não ocorre? Será que o fato de procurarmos coisas novas, envolver-nos em novas emoções e com novas pessoas significa necessariamente encontrarmos o que procuramos?

Para ter certeza de que fez o melhor em sua dissertação, analise-a sob os seguintes pontos de vista:

- introdução (ela apresenta o tema?);
- ação e conteúdo;
- qualidade da tese;
- correspondência entre ideias e parágrafos;
- precisão dos argumentos;
- presença de exemplos;
- nexos lógicos;
- qualidade da documentação apresentada/discutida;
- riqueza de ideias;
- linguagem adequada;
- comprimento dos parágrafos e das frases;
- clareza e legibilidade;
- sintaxe, pontuação e ortografia;
- conclusão (amarra os diferentes elementos?).

Potencializando seu conhecimento. Para atingir os sentidos

Mais do que conhecimentos, as pessoas querem obter certezas. Assim, perguntamos: o que deve acontecer para que o texto influencie o comportamento do leitor? Na opinião de Philip Kotler, professor de Marketing Internacional na Kellogg School of Management, a mensagem, composta por informações, fatos etc., deve atingir os sentidos da pessoa.

Como um advogado que defende o cliente e deseja ganhar a causa, não se limite a emitir suas opiniões sobre o fato. É mais seguro e prudente anexar provas que confirmem cada uma de suas palavras em favor do cliente e contra o réu. Para isso:

- Faça analogias e, se for o caso, inclua uma anedota.
- Conte uma história pessoal.
- Apoie seus argumentos na autoridade de um especialista ou conte um *case*.
- Cite um dado estatístico sobre a questão apresentada.
- Se o simples fato de referir-se a um valor como 5 mil dólares torna a informação vaga, use uma ou mais referências conhecidas pelo leitor. Diga, por exemplo, quantos apartamentos ou quantos carros populares é possível comprar com esse dinheiro.
- Para tornar mais claras as ideias apresentadas, defina termos que de outra maneira poderiam causar mal-entendidos.
- Algumas pessoas não veem citações com bons olhos, mas há quem goste desse recurso, comprovadamente válido. Falando sobre o uso frequente de citações em sua obra, a escritora Marianne Moore diz que apenas procurava ser honesta e não roubar coisas. A pergunta que sustenta a tese de Moore é que se uma coisa foi dita da melhor maneira, como se pode dizê-lo de forma ainda melhor? Se queria dizer algo e alguém já o havia dito da maneira ideal, então ela utilizava as mesmas palavras, sem esquecer de dar o crédito à pessoa. Moore diz: "Se você está encantado com um autor, creio que precisaria ter uma imaginação muito estranha e doentia para não querer compartilhar essa sensação. Alguém mais deveria ler isso, não acha?"

- Cite um evento, dê exemplos e apresente fatos.
- Mostre ilustrações: fotos, desenhos etc.
- Refira-se a notícias publicadas pela mídia.
- Vá buscar na história um pano de fundo para sua defesa ou a defesa de um de seus aspectos.
- Reafirme os conceitos apresentados.
- Por fim, não deixe de lado a força do testemunho de alguém, talvez um profissional, que goze de credibilidade junto a seu público-alvo, mesmo que não pertença ao mundo acadêmico, à comunidade científica etc.

Voltando ao pensamento de Kotler sobre o caminho de uma mensagem persuasiva, o autor acrescenta: "Para induzir uma ação por meio da persuasão em massa, essa ação deve ser vista pela pessoa como um caminho para chegar a um objetivo que ela visa". E Kotler conclui: "Para induzir uma ação, um sistema cognitivo e motivacional apropriado deve obter o controle do comportamento da pessoa num dado momento".

Dissertar é debater. Discutir. Questionar. Expressar nosso ponto de vista, qualquer que seja ele. Desenvolver um raciocínio, argumentos que fundamentem nossa posição. Polemizar, até, com opiniões e argumentos contrários aos nossos. Estabelecer relações de causa e consequência. Dar exemplos. Tirar conclusões. Apresentar um texto com organização lógica de nossas ideias.

Lógica. Isso faz todo sentido

O principal objetivo da comunicação é influenciar o comportamento, atingir os sentidos e ser aceita. Ela deve ser vista como caminho para o sistema cognitivo motivacional.

Nossa maneira ocidental de pensar respeita as regras da lógica aristotélica. Aqui, o esquema composto por três elementos aparece na primeira coluna – duas premissas e uma conclusão –, com seus equivalentes posicionados à sua direita.

1. Premissa maior   Problema   Introdução
2. Premissa menor   Comprovação   Desenvolvimento
3. Conclusão   Convite à ação   Conclusão

Vamos imaginar uma situação na qual um banco deseja falar com seus clientes atuais e *prospects*. Ele quer oferecer-lhes um novo serviço e, mais uma vez, serve-se da estratégia "problema – comprovação – convite à ação", agora em outra versão, construída segundo os princípios do raciocínio dedutivo. Na premissa maior ele faz referência ao problema vivido pelo cliente, que o levaria à compra de um novo serviço como forma de solucioná-lo. Por exemplo, a necessidade de rentabilidade para o seu dinheiro disponível para investimento. No segundo momento, a premissa menor (comprovação), apresenta todas as provas segundo as quais a instituição financeira está apta a oferecer tudo o que o cliente deseja e até mais. Por fim, na conclusão, faz o convite à ação, orientando-o sobre como fazer, em termos práticos, para se beneficiar de tudo o que lhe é oferecido para que seu dinheiro renda o máximo possível. No primeiro parágrafo, através da premissa menor, o assunto foi introduzido. No segundo, por meio da premissa menor, o tema foi desenvolvido. Por fim, no terceiro, veio a conclusão.

A estrutura e seus princípios

- O *título* expressa o reconhecimento de uma necessidade ou desejo do leitor.
- A *apresentação de argumentos* mostra como a ideia pode satisfazer essa necessidade ou desejo.
- A *comprovação ou desenvolvimento dos argumentos* reforça a ideia, por meio de provas ou de maiores detalhes dos argumentos apresentados.
- O *convite à ação* faz com que o leitor se sinta autorizado ou justificado a agir segundo o convite que acabamos de fazer, saindo da mera contemplação.

Na opinião de Charles Dickens, novelista inglês, autor de *Oliver Twist*, "os fatos é que valem. Só os fatos é que são necessários na vida", já que nossa natureza está no movimento, e o repouso completo seria equivalente à morte.

Podemos ainda desenvolver e aprofundar o texto procurando causas que antecedem as causas apresentadas. Além disso, temos a possibilidade de investigar as consequências das consequências apresentadas. Agindo assim, a discussão fica mais viva, mais concreta, mais colorida, e ganha em termos de consistência.

A conclusão (consequência) pode ser iniciada com um dos seguintes termos:

- porque,
- uma vez que,
- na medida em que,
- por motivo de,
- por causa de,
- tendo em vista que etc.

Narração. O que aconteceu?

Narração é a exposição de um ato mediante relato de circunstâncias que o precederam, acompanharam ou se seguiram a ele. Recorremos mais uma vez a Amaral, Antônio e Patrocínio: "Narrar é contar, é relacionar situações e personagens no tempo e no espaço, é perceber o que aconteceu, o que poderia ter acontecido e contar, relatar, repartir com os ouvintes ou leitores as histórias de nossa história".

Narração e descrição confundem-se muitas vezes. É difícil encontrar um texto com características totalmente descritivas, bem como inteiramente narrativas. Se na descrição a atitude do escritor é de observação, na narração o comportamento é ativo e inclui verbos que proporcionam movimento ao texto.

A narração é o método mais antigo e mais decisivo para reter a atenção de uma pessoa. Afinal, todo mundo gosta de ouvir uma história. Assim, sempre que possível, aproveite a oportunidade e forneça a informação de forma narrativa.

Perguntas universais. Todo mundo quer saber

O planejamento para uma boa comunicação não perde de vista que ela consiste em definir quem diz o que para quem, mediante que meios ou veículos, com qual objetivo. Se uma pergunta bem formulada traz em si a metade da resposta, um caminho que pode conduzir a respostas interessantes é este:

QUEM?

Quem são os personagens? Identifica indivíduos e grupos que possam estar envolvidos na situação, com forças, recursos ou acessos especiais a informações úteis, assim como pessoas que tenham algo a ganhar com a solução do problema.

Pode-se começar com estas perguntas:

- A quem interessaria esta ideia? Qual o sexo, idade, salário/renda, tamanho da família, nacionalidade, ocupação, educação etc. dessas pessoas?
- Quem toma a decisão para aderir à ideia proposta?
- Quem de fato adere a ela? Em que medida pode ser apresentada/vendida a novos tipos de leitores?

O QUÊ?

Refere-se ao acontecimento propriamente dito. Identifica as coisas, os objetos e artigos envolvidos na situação. Além disso, aponta os requisitos, dificuldades, benefícios, vantagens e desvantagens implicadas na prática de formular uma solução. Alguns passos que podem ajudar:

- Descreva a ideia sumariamente.
- O que a pesquisa indica como a razão "real" pela qual esse tipo de ideia é consumida? Qual "desejo" particular é satisfeito e como?
- Quais outros tipos de ideias ou propostas concorrem com ela e até que ponto?

- Quais são as principais vantagens e desvantagens competitivas de nossa proposta?
- Quais são as vantagens e desvantagens de nossos principais concorrentes?
- De que modo é prático dar a essa ideia maior personalidade competitiva?

ONDE?

Trata do lugar em que se desenrolam os fatos. Diz respeito a localizações e focos do problema.

- Onde esta ideia é mais bem aceita do ponto de vista de áreas geográficas: rural ou urbana? Pequenas cidades ou metrópoles?
- Ela pode ter boa aceitação em novas áreas? Quais seriam elas?

COMO?

Quer saber a maneira como as coisas acontecem ou aconteceram. Fala de forma, de medidas etc.

- Há três fases no ciclo de vida de uma ideia: introdução (apresentação), consolidação e revitalização. Qual delas estamos atravessando?

Onde, quando e *quem* pertencem à introdução do texto. O *quê* reúne os dados que entram no desenvolvimento da mensagem. O *como* aparece sobretudo no clímax da narrativa. Reserva-se o *por quê* para a conclusão.

Se, em vez de escrever, você pretende apresentar verbalmente suas ideias, estas perguntas podem responder às necessidades de planejamento:

- Sobre *o que* vai falar?
- *Quem* será o seu público?
- *Quando,* isto é, qual é o melhor momento?
- Qual a linguagem adequada à situação e ao público visado, isto é, *como* falar?

- *Onde* vai falar?
- Se for o caso, inclua uma última pergunta: *quanto* desejo ganhar com isso?

Já que eles são mais eficazes do que as palavras, aqui vão dois bons exemplos de descrição. Um deles foi emprestado da literatura.

> O grande desastre aéreo de ontem. Vejo sangue no ar, vejo o piloto que levava uma flor para a noiva, abraçado com a hélice. E o violinista, em que a morte acentuou a palidez, despenhara-se com sua cabeleira negra e seu estradivário. Há mãos e pernas de dançarinas arremessadas na explosão. Corpos irreconhecíveis identificados pelo Grande Reconhecedor. Vejo sangue no ar, vejo chuva de sangue caindo nas nuvens batizadas pelo sangue dos poetas mártires. Vejo a nadadora belíssima, no seu último salto de banhista, mais rápida porque sem vida. Vejo três meninas caindo rápidas, enfunadas, como se dançassem ainda. E vejo a louca abraçada ao ramalhete de rosas que ela pensou ser o pára-quedas, e a prima-dona com a longa cauda de lantejoulas riscando o céu como um cometa. E o sino que ia para uma capela do oeste vir dobrando finados pelos pobres mortos. [...]
>
> (Jorge de Lima, *Obra poética*)

O outro exemplo vem da propaganda:

> Alfred Kraemer nunca comeu um cachorro-quente num jogo de futebol. Nunca apreciou um nascer do sol. Nunca beijou uma garota bonita. Nunca teve uma churrasqueira. Nunca dançou até o sol nascer. Nunca bebeu Widemann Fine Beer. Alfred, você acha que isso é vida?

QUANDO?

Considera o momento em que o fato ocorre. Trabalha com a noção de tempo. Refere-se a horários, datas e oportunidades ligadas à situação.

- Quão frequentemente esta ideia é aceita?
- Quando é aceita? Estamos nos referindo a fatores como hora do dia, época do ano, férias, ocasiões especiais, entre outros.
- Podem ser criados novos momentos para ampliar a adesão?

POR QUÊ?

Qual é a causa dos fatos? Permite alcançar uma compreensão do objetivo básico ou das razões que provocaram determinado evento.

Coerência, coesão, concisão. Você fala coisa com coisa?

A coerência é um conceito usado com referência a algo que é lógico e consequente em relação a um antecedente. Quem é coerente mantém uma mesma linha com uma posição anterior.

Para a linguística, a coerência textual é o estado de um texto em que os seus componentes atuam em conjuntos solidários. Isso quer dizer que, além das entidades unitárias e das ideias secundárias, é possível encontrar um significado global em torno de um tema principal.

Para que algo tenha coerência, precisa apresentar uma sequência que dê um sentido geral e lógico ao receptor, de forma que não haja contradições ou dúvidas sobre o assunto. É da coerência entre palavras, frases e parágrafos que nasce o sentido de um capítulo. É da coerência entre os capítulos que surge a unidade de um livro.

Coerência refere-se àquilo que tem lógica, ou seja, um conjunto de ideias que tem nexo e uniformidade. Não por acaso, um texto bem estruturado é feito de três elementos: *introdução – desenvolvimento – conclusão*. E conta com o auxílio de preposições e conjunções – por exemplo: "inicialmente", "primeiramente", "além disso", "do mesmo modo", "bem como", "enfim", "dessa forma", "ou seja" etc. –, que dão o acabamento, concluem o trabalho de marcenaria, isto é, dão coesão ao texto, ou seja, ele fica bem costurado e transpira união, harmonia, com uma associação íntima entre as partes componentes.

Concisão, por sua vez, tem origem no latim *concisio*, e significa "separação entre partes, entre divisões", de *concidere*, "cortar, cortar através, cortar em pedaços", de *com*, intensificativo, mais *caedere*, "cortar". Um escritor conciso corta, elimina as partes desnecessárias do texto, expõe as ideias em poucas palavras.

Título e subtítulo. Convide o leitor para entrar

As pessoas leem para se informar sobre o que há de novo. A revista *Reader's Digest (Seleções)*, considerada a publicação mais lida do mundo, tem três princípios básicos para seus títulos:

- mostre uma vantagem ao leitor;
- torne essa vantagem bem evidente;
- mostre como é fácil obtê-la.

O título é o telegrama que decide se o leitor lerá o texto. Não lemos o jornal inteiro. Nossa decisão sobre o que ler acontece a partir das manchetes. E, repare, não gostamos que nos enganem. Por isso, comece com um título de abertura forte e um parágrafo em destaque – *lead* – que exponham os benefícios imediatos para o leitor, atraiam sua atenção por algum motivo. Se o título decide a entrada no texto, o *lead* é quem o conduz definitivamente para o seu interior. Um dos maiores desafios, na escrita, é como iniciá-lo. A tarefa do *lead* é fisgar o leitor, com uma ideia provocativa, prendendo-o a cada parágrafo, acrescentando informações pouco a pouco. O *lead* pode ser curto ou ter o tamanho de um parágrafo. Sem nunca deixar de lado esse aspecto definitivo: a frase mais importante de um texto é a primeira. É ele que levanta o problema, fazendo com que o leitor diga, logo de cara, "opa, isso me interessa".

O redator publicitário John Caples ensina que os títulos é que fazem os anúncios funcionarem. Para ele, os melhores títulos apelam para o interesse pessoal dos leitores ou lhes dão notícias novas. Os títulos longos, com algo a dizer, são mais eficientes que os títulos curtos que não dizem nada. E lembra que cada título tem como principal tarefa paralisar o leitor com uma promessa em que ele possa acreditar.

Se conseguir fazer um título que diga muito e ao mesmo tempo seja curto e telegráfico, não se impressione, você apenas estará no caminho da perfeição.

Para obter esse resultado, recorra ao auxílio da técnica: escreva uma série de palavras que representem vantagens oferecidas pela ideia para a qual você busca a aprovação por parte do seu público-alvo. Depois tente transformar essa sequência em frases que retratem o principal benefício. Uma delas será o título do trabalho. As outras poderão ser aproveitadas como subtítulos. Não é tão difícil.

Deixe o texto "de molho" por um tempo. Mais tarde, retome-o para olhá-lo com olhos descansados. Então poderá optar por um dos títulos ou pela fusão das duas abordagens que julgou mais interessantes.

Um bom título seleciona leitores potenciais qualificados e os conduz ao texto. Por isso ele deve ser irresistível. Recomendamos que aprenda com os jornalistas o que já leu neste livro. Ao criar títulos, eles procuram responder às perguntas:

- ○ Quem?
- ○ O quê?
- ○ Onde?
- ○ Quando?
- ○ Por quê?
- ○ Como?

Afinal de contas, são essas as indagações que as pessoas querem ver respondidas na maioria das situações.

O melhor título é aquele que, embora mantenha uma relação de dependência com a ilustração e o texto, consegue ter vida própria e manter o poder de comunicação. Como você deseja que o leitor se mova na direção da ideia apresentada, lembre-se de incluir verbos. Aborde o argumento de venda do ponto de vista da ideia, do usuário, dos benefícios de uso, da falta que faz ou faria, da concorrência etc.

TIPOS DE TÍTULOS. VOCÊ PODE ESCOLHER

- ≋ **Novidade ou notícias:** embora consciente de que toda novidade, mesmo a felicidade, amedronta, o desejo de saber das novidades é uma característica inerente ao ser humano. É como se, por uma espécie de direito adquirido, a cada dia que amanhecesse quiséssemos algo novo, sobretudo se esse fato novo nos traz alguma vantagem.
- ≋ **Oferta ou promessa:** dá um conselho, uma sugestão, mostra como obter alguma coisa com melhores resultados, de forma mais simples, por menos dinheiro, em menos tempo etc.

- **Desafio ou interpelação:** esse gênero provoca uma resposta mental, muda. Ele contém um estímulo apresentado em forma de pergunta, de uma proposição, que geralmente não passa despercebida. Mas seja cauteloso. Não faça como aquele publicitário que sugeriu a seu cliente, uma empresa aérea, um *slogan* que dizia algo amedrontador como "Aceite o desafio de voar conosco".

POSSIBILIDADES NA CRIAÇÃO DE UM BOM TÍTULO

Algumas palavras têm um poder mágico na mente do leitor. Portanto o título será mais eficaz se começar com uma delas:

- Como...
- Por que
- Qual
- Você
- Seu
- Este
- Novo

1. Coloque uma data no título.
2. Comece contando uma história e continue a narração no texto.
3. Tire proveito do sentido de objetividade que é próprio do jornal e escreva o título em estilo jornalístico.
4. Faça com que a mensagem se dirija a cada leitor, individualmente, ainda que esteja falando com milhares deles. Particularize-a.
5. Mostre ao leitor o que ele perderá caso venha a adiar a decisão.
6. Ofereça informação de valor.
7. Pense também em dar um conselho. Este certamente é um dos caminhos mais eficazes para carregar o leitor para dentro do texto. Afinal, as pessoas gostam de ouvir bons conselhos, encontrar soluções para seus problemas.
8. Sem uma grande ideia, o leitor não passará para a segunda etapa: a leitura do texto.
9. Use uma palavra na chamada e pense na possibilidade de imprimi-la em tipo bem grande, como se fosse sair da página.
10. Use uma chamada em forma de testemunho.

Perguntado sobre o momento em que criava o título, Ernest Hemingway disse que não o fazia durante o processo de criação da história. O escritor elaborava uma relação de títulos depois de terminar o conto ou o livro. Essa lista, segundo ele, podia chegar a ter até cem ideias. Então ele começava a seleção, eliminando alguns e, às vezes, todos. Cem ideias! Isso parece muito? Para alguém cujo nível de autoexigência o levou ao prêmio Nobel de Literatura, isso era apenas normal. Uma coisa explica a outra.

SUBTÍTULO. UMA QUESTÃO DE CONFORTO

Ele é adequado para o caso de ideias complexas. Em alguns casos é impossível resumi-las ao número limitado de palavras que um título comporta. Um subtítulo ajuda a esclarecer o sentido, acrescentar ou desenvolver uma promessa, destacar um detalhe etc.

Na opinião de Wurman:

> [...] qualquer assunto amplo pode ser dividido em fatias. Cada fatia ajuda a compreender o que não se consegue captar como um todo. Se você dividir um assunto, é pouco provável que ele possa subjugá-lo.
>
> Isso pode ser aplicado à elaboração de relatórios ou à leitura de relatórios alheios. Se seu autor não tiver dividido o assunto, talvez você possa fazê-lo em sua mente. Ao fragmentar um assunto em partes administráveis, ao experimentar diferentes formas de dividi-lo e ao comparar as partes em seguida, você consegue realmente perceber a informação.

CONSTRUINDO UM TEXTO. É MAIS FÁCIL DO QUE PARECE

Ao tratar da criação do ambiente ideal para a escrita espontânea, Jack Kerouac diz que é como entrar em transe enquanto estamos conversando. O escritor considera que o ato de escrever é uma meditação silenciosa. Mesmo que você esteja a cem por hora.

> Vocês lembram daquela cena de *A doce vida* em que o velho padre fica furioso porque um bando de maníacos aparece para visitar a árvore onde as crianças viram a Virgem Maria? Ele diz: "Não é

possível ter visões no meio desta loucura frenética, gritaria e empurrões. As visões são obtidas somente por meio do silêncio e da meditação". É isso.

Mauriac diz que durante um período criativo escreve todos os dias; uma novela não deve ser interrompida. Quando para de ser levado pelo texto, quando não sente mais vontade de escrever, para. Não importa se de manhã, à tarde ou à noite, escrever exige maior disposição para começar o trabalho.

Um caminho para a construção do texto pode ter as seguintes etapas:

- identificação e preparação;
- incubação – meditação mais ou menos consciente;
- primeiro rascunho ou *brainstorming*;
- redação ou elaboração;
- revisão ou verificação.

Para um romancista, os estágios se confundem. A meditação se repete a cada etapa do trabalho. Enquanto revisa um capítulo, ele toma nota dos elementos que comporão o rascunho do próximo.

Seja como for, o importante é descobrir o próprio caminho, a metodologia mais adequada à sua personalidade. Para meu uso pessoal, desenvolvi uma coleção de ferramentas, caminhos que facilitam muito o processo de criar, escrever e editar – é o *logos creative*. Truman Capote, por exemplo, não começava a escrever antes de ter uma ideia clara do que seria o último capítulo.

Simenon preferia começar rabiscando algumas notas. Onde? Num envelope de tamanho ofício. Ali ele colocava dados gerais sobre os personagens, o que ainda não representava o enredo da história. Nessa etapa do trabalho, o autor não sabia o que iria acontecer com os personagens. "Do contrário, a história perde interesse para mim", comentava.

Para a maioria dos escritores, a palavra vem antes do pensamento. Dessa forma, eles só tomam consciência do que pensam depois de ler o que escrevem.

Com exceção de Henry James, a maioria dos autores não detalha um cenário capítulo por capítulo antes de começar a escrever.

Quando se trata de adotar uma metodologia de trabalho, os romancistas preferem partir para a viagem de exploração com os mais primitivos mapas. É o caso de Françoise Sagan, que afirma precisar começar a escrever para ter ideias. O processo é semelhante ao que ocorre com o brasileiro Fernando Sabino e já faz história desde Machado de Assis. Em *Histórias sem data,* Machado lembra: "Palavra puxa palavra, uma ideia traz outra, e assim se faz um livro, um governo ou uma revolução, alguns dizem mesmo que assim é que a natureza compôs as suas espécies".

Muitos romancistas são como os chefes de expedições científicas. Eles conhecem seus companheiros, sabem que territórios irão atravessar, mas não sabem ao certo como será o caminho, que aventuras irão encontrar, nem como os companheiros irão reagir quando forem pressionados até o limite. Sequer sabem se o continente que estão mapeando existe no espaço ou apenas em sua imaginação.

Relacione as informações. Pense em tudo

Tudo pode começar de alguma coisa que você viu, ouviu ou sentiu em algum momento. Uma lembrança, talvez, ou quem sabe a observação casual de um rosto na multidão. Pode partir também da observação de uma criança cuja ação o levou a pensar mais profundamente sobre determinado tema.

Há quem associe esse germe a uma faísca, uma fagulha que viabiliza o início do texto. Conta-se que Joyce Cary teria criado uma história a partir da visão do rosto enrugado de uma mulher que observou num barco por alguns minutos. Loucura? Não. Apenas o exercício da liberdade de ver com olhos diferentes e, por isso, diferenciar-se da multidão. Não é por acaso que alguém se torna um ícone da literatura.

Uma vez despertados para um fato que nos atingiu de alguma forma, entramos num *processo de meditação*. Quem o conhece muito bem e sabe de seus meandros é seu subconsciente.

Uns chamam esse processo de "período de gestacão", enquanto outros preferem defini-lo como "incubação". Esse período só tem hora para começar. Pode durar dois dias ou alguns anos. De repente o autor acorda com a história na cabeça e a escreve rapidamente.

Uma vez nesse estágio de produção, relacione todas as informações que devem ser dadas ao leitor. Faça uma lista de tudo que diz respeito à ideia principal.

Para que seu trabalho renda mais, não se preocupe com a ordem dos tópicos. Eles apenas devem sair de sua cabeça para o papel, livremente. São como móveis retirados do caminhão e colocados de maneira provisória na nova casa durante uma mudança, em dia de chuva, quando tudo deve ser feito com rapidez e sem qualquer preocupação com detalhes, que ficam para depois. Só assim você terá algo concreto sobre o que trabalhar, colocar em ordem, detalhar.

Senão, como visualizar e testar o melhor lugar para cada móvel ou palavra? Em nossa comparação, é sua mente que precisa ser colocada à vontade para atuar quando vier a hora de escrever.

Dê uma ordem de prioridade. Do essencial para o acidental

Planeje a arquitetura do texto de maneira que as ideias e informações possam ser apresentadas em uma ordem lógica e eficaz. Desse modo, ficam assegurados o equilíbrio e a unidade do conjunto.

Segundo Feuillet, "a ordem é a beleza moral das coisas". Aproveite o desejo natural das pessoas de estabelecer uma ordem em seu mundo para melhor compreendê-lo e modificá-lo. Estabeleça uma ordem de prioridade entre os tópicos relacionados. Numere os tópicos começando pelo mais importante – esta informação será transformada no *lead*, talvez mesmo no título do texto.

Escreva sem síntese. O bom é amigo do ótimo

"O fato de você andar e falar significa que faz 99% do que pessoas como Beethoven e Shakespeare faziam. Quando você vê uma coisa e a descreve com uma frase, está usando 20 bilhões de células cerebrais de maneira complexa", diz Marvin Minsky, autor de *A sociedade da mente*. Em uma entrevista à revista *The Bottom Line Personal*, Minsky reafirmou que todas as pessoas são criativas, mas algumas não permitem que as ideias novas aflorem. "Se você deseja ser criativo, precisa ser capaz de reprimir sua crítica pelo menos por um minuto", diz Wurman. Ele fala sobre transformar-se inteiramente em artista e deixar de lado o juiz, com seu desejo incontido de julgar o que ainda nem acabou de nascer.

Escreva o texto *rapidamente.* Até hoje não se inventou nada melhor para esta etapa do trabalho. Mais do que isso, escreva com o máximo de velocidade e sem correções, que virão depois, na hora de editar, de, enfim, ser juiz.

A esse propósito, Maupassant aconselha: "Ponha o preto no branco. Não se preocupe com o escrito. Escreva qualquer coisa, mesmo que seja um lixo, desde que a escrita cubra o assunto. Depois você começa a vê-la". Não se preocupe em mudar as palavras ao mesmo tempo que escreve. Por mais que se sinta tentado, discipline-se a fazer isso somente quando o primeiro rascunho estiver pronto.

O pulo do gato, nesta fase, consiste em criar sem síntese, escrever tudo o que lhe vier à cabeça, sem a menor preocupação de obter o melhor resultado logo de início. Bebês que nascem aos cinco meses de gravidez não sobrevivem, são ideias natimortas. Aguarde até que chegue o momento proposto pela natureza. E ainda assim, não espere que, recém-saído do ventre materno, ele diga umas palavras a título de apresentação de si mesmo. O mais importante agora é deixar as ideias fluírem na forma original, sem interromper-lhes o ritmo, que deve ser acelerado.

Não importa o que você escreverá no início – palavras soltas, frases sem sentido, tudo é válido nesse momento. O que conta mesmo é começar com liberdade e sem amarras de nenhuma natureza. Deixar o pensamento voar, sabendo que o preço da procrastinação é muito superior ao custo de fazer tentativas.

Sobretudo, não se sinta desencorajado por eventuais dificuldades – algumas são apenas aparentes. Além disso, elas acontecem com todos os que um dia resolveram falar no papel.

Pense em escritores como William Shakespeare, T. S. Eliot ou Gabriel García Márquez. Nem mesmo eles poderiam criar uma frase imortal após a outra, como numa correnteza.

Escreva a primeira palavra, a segunda, a terceira, e pegue fogo. Faça sair faíscas da ponta dos dedos e não pare nunca. Não capriche na letra se estiver escrevendo a mão, nem revise enquanto escreve, para evitar que a interrupção enfraqueça o fluxo das ideias. Aqui, velocidade é fator determinante. Corra. Um truque valiosíssimo: enquanto escreve uma palavra, e antes que isso termine, pense na outra, nas outras, e deixe-as na ponta do lápis. Essa é a técnica, bem-sucedida, utilizada por repórteres que dispõem, por exemplo, de dois minutos para, de improviso, narrar um fato, sem gaguejar ou rechear cada frase com *né? tá?* e outras quinquilharias desprezíveis.

Nossa cabeça só sabe trabalhar em alta velocidade. Ela é como um computador de altíssima potência, capaz de produzir muitas ideias em um minuto. Mas se nossa mão, que faz o papel de impressora, não corresponder a esse dinamismo, perdendo tempo com a arte de desenhar letras em vez de registrar ideias, a qualidade do resultado final ficará seriamente comprometida.

Não será esse o melhor argumento contra a ideia de escrever textos em grupo? Claro que sim. Redação, segundo mostrou até agora a experiência dos maiores especialistas consultados, é trabalho solitário, individual.

A ideia de trabalho coletivo, da maneira como acontece com frequência, só é defendida por estudantes preguiçosos, que nem sequer têm coragem de enfrentar uma folha de papel ou o próprio medo de fracassar. Representa uma atitude típica de gente imatura e sem vontade própria – coisa que não combina em nada com escrever de maneira profissional.

Isso significa a morte das possibilidades oferecidas pela criação em grupo? Não. Apenas o desejo de eliminar o extremo desgaste e o baixo resultado obtido nessas experiências. Afinal, todos sabemos o quanto elas poderiam ser bem mais ricas quando vividas adequadamente.

Se não queremos ou não podemos descartar a produção grupal, que ela ao menos seja produtiva. Não há nenhum mistério em tudo isso, muito menos razões para resistências e protestos. Basta dividir o tempo disponível para a redação em três blocos:

1. Eleição do redator e *brainstorming,* com a participação integral do grupo – nesta fase, o redator apenas anota as ideias e o faz na ordem em que elas chegam (veja o que dissemos no item "Relacione as informações").
2. Trabalho *individual* do redator, previamente escolhido.
3. Leitura e retoques finais, novamente envolvendo todo o grupo.

De certo ponto de vista, o casamento é uma das metáforas que melhor definem como deve ser o trabalho em grupo. Ele também é divido em três blocos:

1. *Noivos, celebrante e convidados atuam juntos,* na igreja e durante a festa, se houver.
2. *Apenas e tão somente o casal viaja para a lua de mel.* Nenhuma outra pessoa, por mais querida que seja, os acompanha, com um detalhe: ninguém se sente excluído, sobrecarregado ou irresponsável por isso. Todos sabem e lidam muito bem com o fato de que há o tempo de juntar e o tempo de separar. Enquanto isso, o que fazem aqueles que ficaram? Qualquer coisa que não seja atrapalhar a tranquilidade dos recém-casados.
3. *Todos se reencontram,* quando da volta do casal, para matar saudades e ouvir novidades.

O que se verifica hoje nas escolas são trabalhos de redação em que parte dos habitantes da cidade acompanha o casal na intimidade da lua de mel.

A geração de ideias funciona como uma corrente. Uma ideia puxa a outra, que puxa a outra, que puxa a outra, e quando menos esperamos o texto está pronto. Mas é importante notar que isso acontece numa velocidade incrível. Se a corrente for quebrada, se o processo for interrompido uma vez, tudo terá de ser reiniciado.

Como na modelagem de uma escultura, existe um *timing* a ser respeitado. Quando a interrupção acontece fora do tempo considerado tecnicamente correto, a massa fica seca, transforma-se em pedra e não serve mais para ganhar contornos de uma obra de arte.

Partindo desse princípio, imagine um texto construído com frequentes interrupções da corrente de ideias, ora para reler o que foi escrito até aquele momento, ora para ouvir o palpite muito bem-intencionado do colega ao lado, segundo o qual trabalhar em grupo significa todos fazerem tudo ao mesmo tempo.

O texto ficará truncado, podendo sugerir a imagem de uma escadinha ou, como acontece na maioria das vezes, vai ficar parecido com coisa nenhuma, com um gostinho acentuado de "subnitrato de pó de nada".

Mas sabemos que não é esse o melhor resultado. Antes, o texto deveria sugerir um tobogã, no qual o leitor poderia sentar-se, nu, isto é, sem precisar de um manual de instruções para compreender o que seria lido. Melhor ainda: ao pensar que iria iniciar a leitura, ele já teria terminado, tamanha a fluência do texto.

Uma vez encontrando-se isolado, corra, voe sobre o papel ou a tela. Não faça intervalos. Isso implica perda de ritmo. Nunca volte para reler o que escreveu. Isso fica para depois, na hora da edição.

Para aumentar a potência do "motor", use a técnica sobre a qual já falamos: enquanto escreve a palavra *laranja,* pense se a próxima palavra, a mais adequada para expressar seu pensamento, seria a palavra *doce, azeda, amarela* ou outra qualquer. Só não permita a interrupção ao fornecimento de energia.

Quanto maior a concentração e a velocidade, melhor. O papel de rascunho existe para rascunhar, rabiscar. Ele não reclama, não se incomoda de carregar um texto que só você consegue ler. Deixe a letra bonita por conta do computador, mestre nas artes gráficas. Ele domina muito mais o assunto do que todos nós juntos.

O trabalho de fazer letra bonita deve ser reservado aos profissionais que atuam em empresas especializadas na confecção de painéis, placas, faixas etc. Não pratique essa concorrência abominável. Gaste seu precioso tempo em atividades como pensar, criar, ter ideias brilhantes e transmiti-las da maneira mais talentosa possível.

Assim fazem os grandes escritores. E não há por que não aprender com quem sabe fazer muito bem. Ao menos até que disponha de conhecimentos, habilidades e experiência suficientes para provar que estão equivocados. Só não é muito inteligente insistir em permanecer na contramão antes de ter algo melhor a sugerir para a comunidade literária.

Edite. Reveja. Reescreva. Reescreva de novo. Mais uma vez

Os melhores escritores sabem que reescrever é a essência de escrever bem. É isso que decide. Ganhar ou perder o jogo, tudo depende dessa fase do trabalho literário. Nesse caso, temos de vencer um probleminha, na verdade, dois: 1. não escrever, porque assim evita-se incorrer em imperfeições; 2. bater o pé, até o final dos tempos, para defender a pobre ilusão de que nosso texto já nasceu perfeito. Verdade é que, salvo no plano do sobrenatural, dificilmente um escritor diz logo de cara o que planejava. Somos seres humanos. Imperfeitos. Chegar à clareza, concisão, coerência, tudo isso é o resultado de uma série de remendos. A propósito disso, muitos acreditam que escritores profissionais não precisam reescrever. Não é assim que funciona. Quanto mais cuidadoso e profissional, maior o número de vezes em que um escritor vai mexer no próprio texto. Escrever bem é processo, desses que terminam somente uma semana antes da missa de sétimo dia. Não termina nunca. Infelizmente, mantemos uma dificuldade enorme de admitir que nosso texto possa ter nascido com imperfeições.

Falando sobre o assunto em *O trabalho do estilo,* Antoine Albalat mostrou-se taxativo ao lembrar que torna-se necessário recomeçar. Mas quantas vezes? Tantas quantas considerar que pode fazer melhor que a anterior. Refundir, refazer não é sinal de impotência. Ao contrário, é prova de talento. Para Albalat, nem todos são capazes de perceber o que é preciso retocar nem como é necessário retocar. Ele acredita que já é escritor quem reconhece que pode escrever melhor. E conclui: "Só um espírito superior reconhece o que lhe falta... Imponha o trabalho a um autor medíocre, e ele não irá longe. Tão somente o bom autor corrige, porque ele continua a ver o que os outros não percebem".

Depois de escrever o texto, prepare-se para reescrevê-lo. É isso o que Albalat quis dizer.

Enxugue e edite o que escreveu. A maioria dos rascunhos iniciais pode ser cortada pela metade sem perder nenhuma informação importante ou comprometer a intenção do autor. Por exemplo, comece o trabalho experimentando descartar a primeira frase, quem sabe o primeiro parágrafo – o efeito pode ser surpreendente.

Corte esta palavra, substitua aquela, mude a ordem de uma frase, se for o caso. Simplifique. Enxugue ao extremo. Faça isso até sentir que suas frases estão realmente limpas – isso distingue os escritores profissionais. Eles não sentem mais a necessidade, comum em alguns principiantes, de impressionar editores e leitores.

Descubra pontos em que uma palavra pode substituir uma frase. E identifique as frases sobrecarregadas, aquelas que devem cumprir muitas funções ao mesmo tempo. Corte frases longas, a partir da vírgula, substituindo-a por um ponto-final e iniciando outra com o que restou.

Teste um parágrafo. Releia cada frase. E tenha a coragem de perguntar-se se todas as palavras cumprem alguma função. Caso contrário, corte, elimine os excessos. Depois veja se mesmo assim a ideia continua inalterada.

Faça uma "operação pente-fino" para descobrir se não existem repetições inúteis, algo que possa ser substituído por palavras mais fortes e flexíveis.

Os adjetivos e advérbios não fortalecem o texto? Corte-os. Os verbos são mais fortes do que os substantivos. Os verbos na voz ativa, preferíveis aos verbos na voz passiva. Palavras e frases curtas são mais fáceis de ler e entender do que as longas. Detalhes concretos são processados internamente com mais facilidade do que as abstrações vagas. Não tenha medo de fazer cortes, substituições.

Revisar significa ser criterioso com relação ao conteúdo que vai determinar a qualidade final da obra literária. Isso, sem estranhar se surgir um estágio adicional, que costuma aparecer após a revisão. Trata-se do impulso para uma nova obra, necessária para discutir mais profundamente determinado aspecto do trabalho atual.

Como você verá a partir de agora, alguns escritores são famosos não só pela habilidade, mas pela impiedade com que cortavam palavras e frases.

Joyce Cary diz: "Trabalhe em cima de todo o seu livro e corte tudo o que não pertence ao desenvolvimento emocional, à textura do sentimento". E James Thurber confirma a tese: "Uma história que eu estava escrevendo foi reescrita 15 vezes por completo".

Georges Simenon corta adjetivos, advérbios e todo tipo de palavra que, segundo ele, está lá só para fazer efeito. Toda vez que encontra algo assim em um dos seus romances, é para ser cortado. Essa é a característica marcante de suas revisões.

Para Wurman, "uma frase clara não é acidental. Pouquíssimas saem certas na primeira vez ou mesmo na terceira. O significado é notavelmente fugidio. Sempre me surpreende o fato de as pessoas acharem que os escritores profissionais acertam na primeira tentativa. Ao contrário, ninguém reescreve mais do que o verdadeiro profissional. B. White e Thurber, que eram escritores, reescreviam oito ou nove vezes seus textos".

Lembre-se: você está enfrentando dois adversários muito poderosos. Um é a tendência que quase todas as frases têm de sair só um pouco erradas. O outro é a faixa de atenção do leitor médio, que é mínima.

Portanto, não hesite em se colocar no lugar dele e pergunte-se: "Está perfeitamente claro?" Se, num texto que está preparando, uma frase não faz sentido para você, o mesmo irá ocorrer com os que a lerem. Se algo, algum pedaço de informação de que o leitor necessite, está faltando, escreva-o. Quando se trata de obter clareza, não hesite em ser chato. Afinal, ela é um elemento indispensável na arte de gerar compreensão.

Em seguida, faça como disse que Gore Vidal fazia: termine a primeira versão e só depois disso releia o texto. E deixe para reler amanhã o que escreveu hoje – releia em voz alta, do começo ao fim, tomando o leitor pela mão e levando-o para a frente. Nada melhor para a saúde de um texto do que ficar algumas horas de molho, repousando silenciosamente. De volta ao que escreveu, sempre encontrará algo que pode ser melhorado, dito com mais interesse e vigor.

Bernard Malamud garante que os escritores que escrevem apenas um rascunho estão enganando a si mesmos. Ele acredita que os primeiros rascunhos são para saber sobre o que será o romance ou o conto. Já a revisão é trabalhar com esse conhecimento para aumentar e desenvolver uma ideia; em outras palavras, para reformá-la.

Malamud faz questão de lembrar que D. H. Lawrence, por exemplo, fez sete ou oito rascunhos de *O arco-íris* e acrescenta que o primeiro rascunho de um livro é o mais incerto. E quando você precisa de coragem e da capacidade de aceitar o imperfeito até conseguir melhorar.

A revisão, para ele, é um dos verdadeiros prazeres de escrever. "Os homens e as coisas de hoje costumam ficar mais nítidos e verdadeiros na memória de amanhã", disse Thoreau.

John dos Passos também faz um bocado de revisões. Chega a revisar alguns capítulos seis, sete vezes. Sua experiência tem mostrado que de vez em quando se consegue a coisa certa na primeira vez. Mais frequentemente, não. A esse propósito, Passos lembra George Moore, que reescreveu romances inteiros. Um pouco mais adiante, voltando a falar de si mesmo, John acrescenta que normalmente escreve até o ponto em que o trabalho começa a piorar, em vez de melhorar. Então considera que este é o momento de parar e publicar.

Christopher Isherwood segue o mesmo caminho: reescreve bastante. O escritor afirma que não costuma cismar com uma coisa, mas sentar e reescrever o trabalho inteiro. Tanto para *Um homem só* como para *Encontro à beira do rio,* escreveu três rascunhos completos. Após fazer anotações em um rascunho, sentava-se e reescrevia desde o início. Achava esse método muito melhor do que acrescentar remendos e amputar pedaços. "É preciso repensar a coisa completamente", dizia. Com mais frequência do que se imagina, um problema difícil de resolver em uma frase pode ser solucionado por simples descarte. No entanto, muitos insistem em emendar e emendar a frase problemática. E isso, com frequência, conduz a uma situação ainda pior. Diante do ponto problemático, faça a pergunta: "Eu preciso mesmo disso?"

Em geral, a resposta será " Não". Remova-o e veja como o trecho ganha uma nova vida.

Anthony Burgess revisa à medida que escreve cada página, não a cada capítulo ou o livro todo. Revisar o livro todo o deixaria entediado, declara.

Ernest Hemingway sempre reescrevia, na manhã seguinte, o trecho do dia anterior. Quando acabava, repassava tudo outra vez. Dessa maneira tinha mais uma chance de corrigir e reescrever quando outra pessoa datilografava. A última oportunidade acontecia durante a revisão das provas. Hemingway destacava o fato de que era bom ter tantas chances diferentes.

E quantas vezes ele reescrevia um texto? O escritor diz que isso variava de caso para caso. Em *Adeus às armas,* por exemplo, reescreveu a última página trinta e nove vezes, até ficar satisfeito. Não que houvesse algum problema técnico, recorda. Era apenas para pôr as palavras do jeito certo.

Henry Miller também disse que o número de vezes que revisava ou modificava um texto sofria muitas variações. Uma coisa era certa: ele nunca fazia qualquer correção ou revisão durante o processo da escrita.

Primeiro escrevia algo de qualquer jeito, apenas para dispor de material para trabalhar. Deixava o texto de molho durante algum tempo – um mês ou dois – e, depois que baixava a poeira, retomava o trabalho, só que com outros olhos. Aí divertia-se a valer. Começava a trabalhar nele com a machadinha, afirmou. Ele lembrava que nem sempre era assim, porque às vezes o texto já saía quase como ele gostava.

Concluir é tão importante quanto iniciar. Portanto, dedique-se ao *grand finale.* Invista na escolha da frase final. E para ter certeza de que nada escapou, procure ler o seu texto em voz alta. É fundamental prestar atenção à sonoridade das palavras. É fundamental prestar atenção à sonoridade das palavras.

CONCLUSÃO. PRA TERMINAR A CONVERSA

Como você acabou de ver, ser criativo e escrever bem é uma questão de vontade e disciplina. Esses são os dois ingredientes indispensáveis para a aplicação da técnica que aprendeu.

Você só precisa acreditar que é capaz e começar a praticar. Lembrando o educador Paulo Freire, "A esperança que não se faz na ação não é uma esperança esperançosa".

O encontro com o sucesso é algo muito pessoal e deve supor o pleno uso do livre-arbítrio. Em minhas palestras e cursos, costumo chamar a atenção para o papel do ouvinte no processo de aprendizado. Lembro que existe em nossa mente e coração uma fechadura que só abre por dentro.

Discreta

A minha poesia
às vezes se esconde
no pequeno espaço
que existe
entre o nome do verso
e o verso.

(Margarete Schiavinatto)

Bibliografia

AMARAL, Emília; ANTÔNIO, Severino; PATROCÍNIO, Mauro Ferreira do. *Redação - Gramática - Literatura - Interpretação de Texto*. São Paulo: Nova Cultural, 1991.

BARRASS, Robert. *Os cientistas precisam escrever*. 3. ed. São Paulo: T. A. Queiroz Editor, 1994.

BARRETO, Roberto Menna. *Criatividade em propaganda*. 4. ed. São Paulo: Summus Editorial, 1982.

CAMPOS, Flávio de. *Roteiro de cinema e televisão*. A arte e a técnica de imaginar, perceber e narrar uma estória. Rio de Janeiro: Jorge Zahar Editor, 2007.

CAPLES, John. *Como fazer sua propaganda fazer dinheiro*. São Paulo: Makron Books, 1994.

CARRERO, Raimundo. *Os segredos da ficção*: um guia da arte de escrever narrativas. Rio de Janeiro: Agir, 2005

COMPARATO, Doc. *Roteiro. A técnica de escrever para cinema e televisão*. 4. ed. Rio de Janeiro: Editorial Nórdica, 1983.

DUAILIBI, Roberto. *Phrase Book*. São Paulo: Cultura Editores Associados, 1991.

EXAME. Editora Abril, São Paulo.

FOLHA DE S.PAULO, São Paulo.

GARDNER, John. *A arte da ficção*: orientação para futuros escritores. Trad. Raul de Sá Barbosa. Rio de Janeiro: Civilização Brasileira, 1997.

HOLANDA FERREIRA, Aurélio Buarque. *Novo dicionário Aurélio da língua portuguesa*. 2. ed. Rio de Janeiro: Nova Fronteira, 1986.

KOCH, Stephen. *Oficina de escritores*: um manual para a arte de ficção. Trad. Marcelo Dias Almada; revisão da tradução Silvana Vieira. São Paulo: WFW Martins Fontes, 2008.

KOTLER, Philip. *Administração de marketing*: análise, planejamento, implementação e controle. 3. ed. São Paulo: Atlas, 1993.

MCCARTHY, Jerome; PERREAULT JR., William D. *Marketing essencial*. São Paulo: Adas, 1997.

O ESTADO DE S. PAULO, São Paulo.

OECH, Roger von. *Um "toe" na cuca*. São Paulo: Cultura Editores Associados, 1988.

OSBORN, Alex F. O *poder criador da mente*. 7. ed. São Paulo: Ibrasa, 1991.

PROSE, Francine. *Para ler como um escritor*: um guia para quem gosta de livros e para quem quer escrevê-los. Trad. Maria Luisa X. de A. Borges. Rio de Janeiro: Jorge Zahar Editor, 2008.

RAMÓN, Nieto. *O ofício de escrever*. Trad. Maria Magdalena L. Urioste. São Paulo: Angra, 2001.

RESENDE, Otto Lara. *Bom dia para nascer*. São Paulo: Companhia das Letras, 1994.

RIES, Al; TROUT, Jack. *Posicionamento*. Como a mídia faz sua cabeça. São Paulo: Livraria Pioneira, 1987.

SANDLER, Ellen. *Guia prático do roteirista de TV*. São Paulo: Bossa Nova, 2008.

THROKMORTON, Joan. *Propaganda de resposta direta altamente vendedora*. São Paulo: Makron Books, 1994.

VOCÊ S.A. Editora Abril. São Paulo.

W.AA. *Os escritores* - vol. 1. São Paulo, Companhia das Letras, 1988.

_____. *Os escritores* - vol. 2. São Paulo: Companhia das Letras, 1989.

WEISS, Donald. *Como escrever com facilidade*. São Paulo: Livraria Nobel, 1992.

WURMAN, Richard Saul. *Ansiedade de informação*: como transformar informação em compreensão. São Paulo: Cultura Editores Associados, 1991.

O autor

Rubens Marchioni é publicitário, jornalista, escritor e palestrante. Estudou Filosofia. Cursou pós-graduação em Propaganda na Escola Superior de Propaganda e Marketing (ESPM). Profissional de treinamento, com grande experiência em ministrar cursos e palestras para diferentes públicos, além de dar assessoria em comunicação escrita. Publicou artigos no jornal *O Estado de S. Paulo* e na revista *Mercado Global*, da Rede Globo, e é autor de diversos livros.

GRÁFICA PAYM
Tel. [11] 4392-3344
paym@graficapaym.com.br